조선의 왕

내 손으로 완성하는 한국사 플랩북

오주영 글 | 최은지 그림

_____ (이)가 직접 만드는 나만의 한국사 책,
'조선의 왕'을 시작합니다!

다락원

머리말 조선에서 대한민국으로

500여 년 동안 여러 왕이 조선을 다스렸어요.

어떤 왕은 지혜롭고, 어떤 왕은 괴팍하고

어떤 왕은 인자하고, 어떤 왕은 우유부단했어요.

신하들을 아껴 쓰는 왕도 있었고,

신하들을 귀찮아한 왕도 있었고,

신하들에게 휘둘린 왕도 있었어요.

그렇게 여러 왕을 거치는 동안

조선의 문화가 자라고

예술이 꽃피고 학문이 깊어졌어요.

세종이 만든 훈민정음은

우리 민족이 우리 말과 정신을 이어가는 바탕이 되었어요.

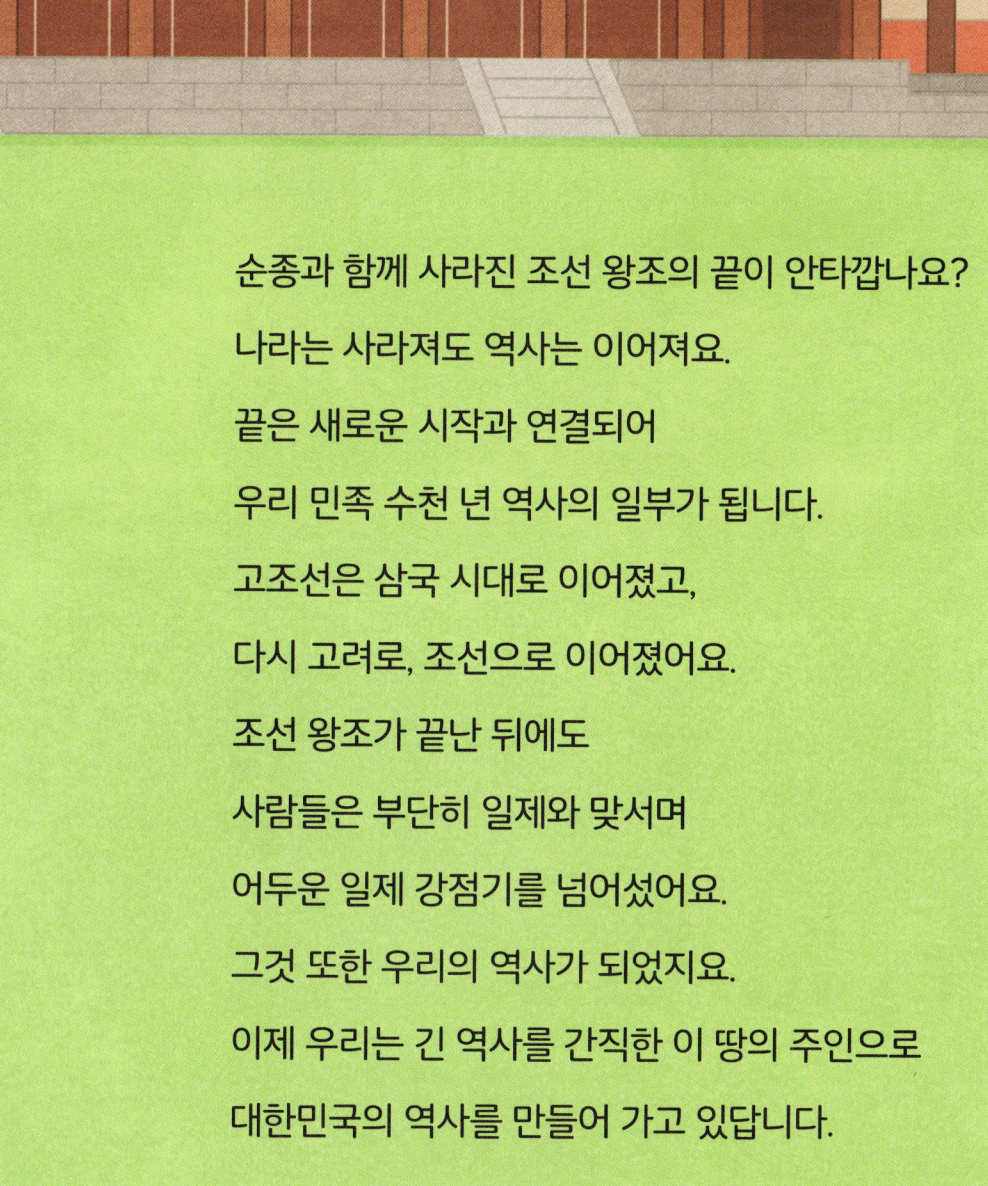

순종과 함께 사라진 조선 왕조의 끝이 안타깝나요?

나라는 사라져도 역사는 이어져요.

끝은 새로운 시작과 연결되어

우리 민족 수천 년 역사의 일부가 됩니다.

고조선은 삼국 시대로 이어졌고,

다시 고려로, 조선으로 이어졌어요.

조선 왕조가 끝난 뒤에도

사람들은 부단히 일제와 맞서며

어두운 일제 강점기를 넘어섰어요.

그것 또한 우리의 역사가 되었지요.

이제 우리는 긴 역사를 간직한 이 땅의 주인으로

대한민국의 역사를 만들어 가고 있답니다.

저자 오주영

 차례

머리말 • 2

책 활용법 • 6

왕의 하루는 어땠을까요? • 8

왕실 사람들은 뭐라고 부르나요? • 10

조선에는 몇 개의 궁궐이 있나요? • 11

1. 태조부터 성종까지

1. 조선을 세운 백전백승 **태조** • 14
2. 얼떨결에 왕이 된 얼떨떨 **정종** • 18
3. 스스로 왕이 된 용감무쌍 **태종** • 20
4. 백성들을 보살피는 팔방미인 **세종** • 24
5. 세종을 도운 부전자전 **문종** • 28
6. 12세에 왕이 된 외톨이 **단종** • 30
7. 왕권 강화에 앞장선 야심만만 **세조** • 32
8. 병으로 누운 비리비리 **예종** • 36
9. 경국대전을 완성한 자신만만 **성종** • 38

2. 연산군부터 현종까지

10. 신하들을 죽인 제멋대로 **연산군** • 42
11. 가만히 있다 왕이 된 어리둥절 **중종** • 44
12. 계모에게 미움받아도 인자했던 **인종** • 46
13. 엄마에게 휘둘린 우물쭈물 **명종** • 48

14	한양을 버린 줄행랑 **선조** • 50
15	이쪽저쪽 양다리 외교 **광해군** • 54
16	청에 절을 쿵쿵쿵 **인조** • 56
17	무조건 북벌 **효종** • 60
18	골치 아픈 논쟁에 지끈지끈 **현종** • 62

3. 숙종부터 순종까지

19	신하들을 쥐락펴락 **숙종** • 66
20	누워 지낸 시름시름 **경종** • 68
21	탕평책을 펼친 탕탕평평 **영조** • 70
22	여러 번 죽을 뻔한 아찔아찔 **정조** • 74
23	안동 김씨에 쩔쩔맨, 순해 빠진 **순조** • 78
24	외척에 흔들흔들 **헌종** • 80
25	농사짓다 왕이 된 어리벙벙 **철종** • 82
26	개혁을 꿈꾼 대한 제국 **고종** • 84
27	마지막 황제, 허수아비 **순종** • 90

조선 왕 계보 • 92

조선 왕 퀴즈 • 93

정답과 출처 • 94

작가 소개 • 95

책 활용법

내 손으로 '조선의 왕'을 완성해 봐요.

준비물 풀, 가위, 색연필, 주사위
주의! 가위는 날카로우니 손을 다치지 않도록 조심해요.

1
본 책과 만들기 책! 두 권으로 구성되어 있어요.
먼저 본 책에서 재미있는 조선 왕의 이야기를 읽어요.

2
재미있는 이야기 옆에는
'오려 붙이기' '스티커' '색칠하기' '쓰기' '게임하기'
등 여러 가지 활동이 있어요.
(※ 쓰기와 게임 활동의 정답은 본 책 94쪽에 있어요.)

오려 붙이기
이성계의 주장을 숫자에 맞게 오려 붙여요.

스티커
4대문과 산 스티커를 붙여 한양 지도를 완성해요.

3
만들기 책에서 그림을 오려 붙이거나,
스티커를 떼어 붙여요.
다양한 플랩과 팝업을 완성할 수 있어요.

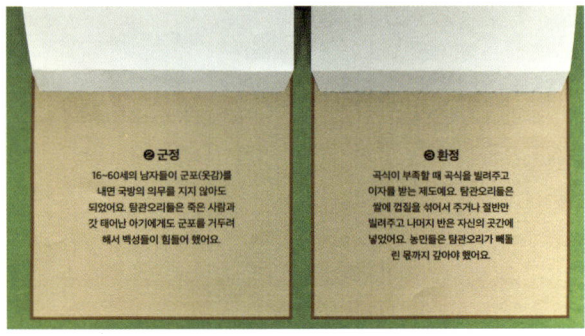

4
다 완성하면 플랩을 여닫고 팝업을 세우고,
사람들을 움직여 봐요.
조선 왕 이야기가 더욱 재미있을 거예요.
다 본 책은 플랩을 닫고 팝업을 내려
책꽂이에 꽂아 두고 생각날 때마다 펼쳐 보아요.

만드는 방법을 잘 모르겠다면
다락원 동영상을 참고하세요!

잠깐! 만들기 전에 알아 두어요.

✂ 오리기

오리기 선은 얇은 실선으로 되어 있어요. 그림의 가장자리를 따라 가위로 오려요.

오리기 선 ─────────

◇ 접기

접기 선은 두 종류의 점선으로 되어 있어요.
안으로 접는 선과 밖으로 접는 선이 다르니 주의해서 따라 접어요.

안으로 접기 선 - - - - - - - - - - - - - - - - -
밖으로 접기 선 -·-·-·-·-·-·-·-·-·-

🖌 풀칠하기

풀칠하는 면과 붙이는 면이 있어요.
풀칠하는 면에 풀칠을 해서
붙이는 면에 붙여요.

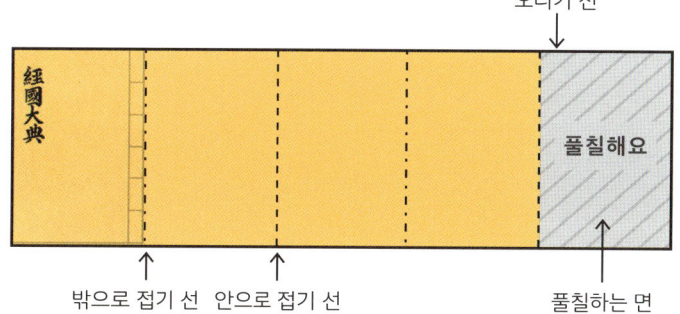

풀칠할 부분이 여러 군데라면 같은 기호끼리 맞춰 붙이면 돼요.

♥는 ♥끼리,
★는 ★끼리 붙여요.

《목민심서》에서 백성을 잘 다스리기 위해 수령이 지켜야 하는 것을 밝혔어요.

🏷 스티커

스티커는 떼어서 자유롭게 붙이거나 회색 부분에 붙여요.

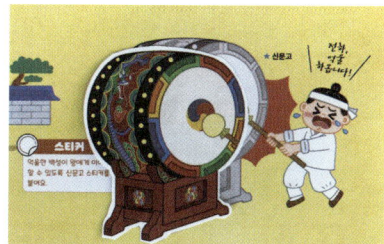

* 일러두기
  ❶ 본 도서에서는 '세는나이'를 기준으로 나이를 작성하였습니다.
  ❷ 본문에서 '생애'는 살아 있는 기간, '재위'는 임금의 자리에 있는 기간을 말합니다.

왕의 하루는 어땠을까요?

왕의 하루를 살펴봐요. 왕마다 차이는 있지만, 대부분의 왕은 아주 바쁜 하루를 보냈어요.

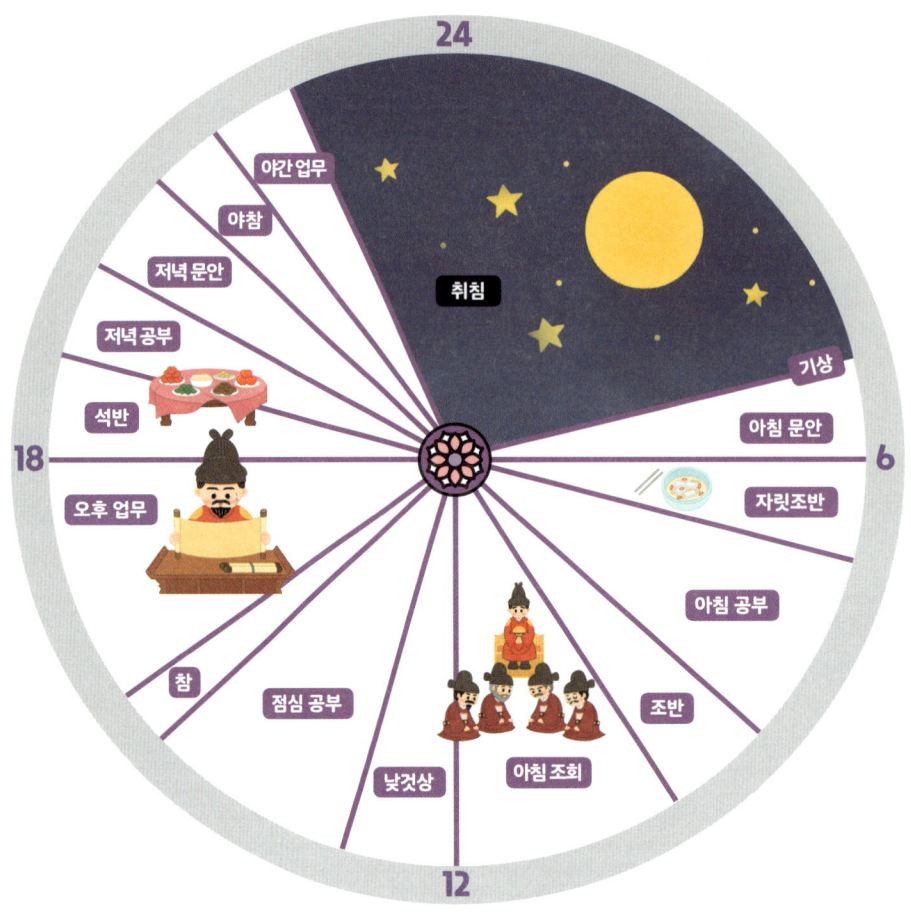

기상 해가 뜨기 전에 일어나 옷을 차려입어요.

아침 문안 왕실의 어른인 대비, 대왕대비께 아침 안부 인사를 드려요.

아침 공부 아침 공부인 '조강'을 해요. 왕의 공부를 '경연'이라고 하는데, 여러 신하들과 만나 유교 경전을 공부하고 나랏일을 의논했어요.

아침 조회 신하들을 만나 업무를 보고 받았어요. 평소에는 사정전에서 간단하게 신하들을 만나는 '상참'을 했어요. 한 달에 네 번은 근정전에서 정식 조회인 '조참'을 했어요. 조참에는 서울에 있는 모든 신하들이 모였어요.

점심 공부 낮 공부인 '주강'을 해요.

오후 업무 편전에서 신하들을 만나 도성 밖의 일에 대해 듣고 나랏일을 의논해요.

저녁 공부 저녁 공부인 '석강'을 해요.

저녁 문안 왕실의 어른인 대비, 대왕대비께 저녁 안부 인사를 드려요.

취침 하루 일을 끝내고 왕의 침실인 강녕전이나 왕비의 침실인 교태전에서 잠을 잤어요.

**조선 시대의 왕들은 나랏일을 돌보느라 이른 새벽에 일어나 늦은 밤에 잠이 들었어요.
그래서 공부와 업무 중간중간에 식사와 간식을 챙겨 먹었어요.**

이른 아침에, 자릿조반
초조반이라고도 해요. 아침 일찍 일어나서 가벼운 죽, 미음, 응이 등을 먹었어요. 응이는 곡물의 녹말을 물에 묽게 풀어서 만든 죽이에요.

든든한 아침, 조반
아침에 먹는 12첩 반상의 수라상이에요. 왕 앞에 세 개의 상이 차려졌어요. '원반'에는 흰밥, 김치, 국, 탕, 찜 등과 열두 가지 반찬을 놓았어요. '곁반'에는 팥밥, 곰국, 별식 반찬 등을 놓았어요. '책상반'에는 전골, 장국, 고기, 계란, 채소 등을 놓았어요.

공부 후 간식, 참
점심 공부 이후에 먹었던 간단한 간식이에요. 면 요리나 다과상이에요.

간단한 점심, 낮것상
아침과 저녁 사이에 간단하게 먹는 상이에요. 죽 등의 가벼운 음식이나 다과상을 차렸어요.

푸짐한 저녁, 석반
저녁에 먹는 12첩 반상의 수라상이에요. 아침 식사와 저녁 식사가 끝난 뒤에는 음료와 과일, 떡 등을 차린 다과상이 나왔어요.

출출한 밤에, 야참
늦게까지 일하느라 출출한 밤에는 야참을 먹었어요. 면과 약식, 식혜, 우유로 만든 죽인 타락죽 등을 먹었어요.

왕실 사람들은 뭐라고 부르나요?

대왕대비 전전대 왕의 왕비예요.
상왕 살아 있으면서 왕위에서 물러난 전대 왕이에요. 왕이 세자에게 왕위를 넘기는 것을 선위라고 해요.
대비 전대 왕인 선왕의 왕비예요.

왕 나라를 다스리는 사람이에요.
정비 왕과 정식 혼례를 한 부인이에요.
계비 왕비가 죽어 왕이 새로 맞은 부인이에요.
※ 정비와 계비는 왕과 정식 혼례를 한 왕비예요. 왕후라고도 해요.
폐비 왕비 자리에서 쫓겨난 사람이에요.
후궁 왕과 정식 혼례를 하지 않은 부인이에요. 왕비는 한 명이고, 후궁은 왕이 여러 명 둘 수 있었어요.

세자 왕의 아들로 다음 왕이 될 사람이에요.
세자빈 세자의 정식 부인이에요.
세제 왕의 형제로 다음 왕이 될 사람이에요.
세손 왕의 손자로 다음 왕이 될 사람이에요.

왕자와 공주 왕과 왕비 사이에 태어난 아들을 왕자 대군, 딸을 공주라고 해요.
군과 옹주 왕과 후궁 사이에 태어난 아들을 군, 딸을 옹주라고 해요.

조선에는 몇 개의 궁궐이 있나요?

궁궐은 왕이 사는 곳이자 나라를 다스리는 곳이에요. 서울에는 조선 시대의 왕이 살았던 다섯 개의 궁궐이 있어요. 이 궁궐들을 조선의 5대 궁궐이라고 한답니다.

① 첫 궁궐 경복궁

태조 이성계 때 조선에 세워진 첫 번째 궁궐이에요. 임진왜란 때 불에 탔는데 워낙 큰 궁궐이라 고치기 어려웠어요. 약 200년 동안 폐허로 있다가 흥선 대원군에 의해 다시 지어졌어요. 경복궁에서는 명성 황후가 일본 자객들에 의해 목숨을 잃는 을미사변이 일어나기도 했어요.

② 푸르고 아름다운 창덕궁

태종 이방원이 지은 두 번째 궁궐이에요. 왕들은 삭막한 경복궁보다 창덕궁을 더 좋아했다고 해요. 창덕궁의 푸르고 아름다운 후원은 세계적으로도 유명하답니다. 임진왜란 때 불에 탔지만 광해군 때 다시 지어졌어요. 이때부터 경복궁을 대신해 258년 동안 조선의 정궁이 되었어요.

③ 비극의 장소 창경궁

조선에 세 번째로 지어진 궁궐이에요. 임진왜란 때 불에 탔으나 광해군이 다시 지었어요. 창경궁은 불이 자주 나서 여러 번 다시 지어졌어요. 영조 때 사도 세자가 뒤주에 갇혀 죽는 비극이 일어난 곳이에요. 또 순종 때는 일제에 의해 동물원이 되었던 아픔이 있는 곳이에요.

④ 대한 제국의 궁궐 덕수궁

임진왜란으로 모든 궁궐이 불에 타는 바람에 한양으로 돌아온 선조는 머물 곳이 없었어요. 선조는 월산 대군의 후손들이 살던 이곳을 임시 궁전으로 삼았어요. 그 후 광해군이 창덕궁으로 들어가며 궁궐로 쓰이지 않다가, 훗날 고종이 이곳을 대한 제국의 궁궐로 삼았어요.

⑤ 조선 후기 왕들의 궁궐 경희궁

광해군 때 지어진 궁궐이에요. 광해군은 '정원군의 집에 왕기가 서려 있다'는 말을 듣고 경희궁을 지었어요. 그 후 광해군은 왕위에서 쫓겨나고 대신 정원군의 아들이 다음 왕인 인조가 되었어요. 인조 이후 철종 때까지 조선 후기의 왕들은 창덕궁과 경희궁을 오가며 지냈어요.

1. 태조부터 성종까지

- **1대** 조선을 세운 백전백승 **태조**
- **2대** 얼떨결에 왕이 된 얼떨떨 **정종**
- **3대** 스스로 왕이 된 용감무쌍 **태종**
- **4대** 백성들을 보살피는 팔방미인 **세종**
- **5대** 세종을 도운 부전자전 **문종**
- **6대** 12세에 왕이 된 외톨이 **단종**
- **7대** 왕권 강화에 앞장선 야심만만 **세조**
- **8대** 병으로 누운 비리비리 **예종**
- **9대** 경국대전을 완성한 자신만만 **성종**

조선을 세운 백전백승 태조
(생애 1335-1408/재위 1392-1398)

고려의 뛰어난 장수였어요.

이성계는 전쟁에서 단 한 번도 진 적이 없는 고려의 장수였어요. 활을 귀신처럼 잘 쏘기도 했어요. 어느 날 고려와 사이가 나빴던 명나라가 고려에 협박을 해 왔어요.
"우리에게 철령 이북 땅을 내놔라."
고려의 북쪽 땅을 명나라에서 차지하려고 한 거죠.
화가 난 고려의 최영 장군은 고려 우왕에게 말했어요.
"군사들을 모아 명나라의 요동 지역을 정벌하겠습니다!"
이성계는 정벌을 반대했어요.
"이 전쟁을 벌이면 안 되는 네 가지 이유가 있습니다."

오려 붙이기
이성계의 주장을 숫자에 맞게 오려 붙여요.

붙여요

❶ 작은 나라가 큰 나라를 거스르는 건 옳지 않습니다.

붙여요

❷ 여름에 백성들을 뽑아 전쟁터로 데려가면 농사를 지을 수 없습니다.

붙여요

❸ 요동을 공격하다 왜적이 쳐들어 올 수 있습니다.

붙여요

❹ 장마철에는 활이 망가지고 전염병이 생기기 쉽습니다.

전쟁은 안돼!

이성계

그러나 고려의 우왕은 최영 장군의 뜻대로 요동을 공격하라고 명령했어요.
결국 이성계는 5만 명의 군사를 끌고 요동 정벌에 나섰어요. 하지만 주룩주룩
내리는 장맛비에 위화도에서 발이 묶였어요. 이성계는 이곳에서 결심을 했어요.
"이대로 요동 정벌에 나서면 모두 죽는다. 고려로 돌아가 수도 개경을 치겠다!"
이것이 '위화도 회군'이에요. 이성계는 최영 장군을 없애고 고려의 우왕을
물러나게 했어요. 그리고 조선을 세웠답니다.

← 요동

위화도

붙여요

고려 →

오려 붙이기

이성계를 오려 붙여 왼쪽에서 오른쪽으로 방향을 바꾸는 놀이를 해 보아요.

이성계

조선의 새 도읍을 한양으로 정했어요.

태조 이성계가 세운 조선의 수도 한양을 볼까요? 한양의 설계는 태조를 도와 고려를 몰아낸 유학자 정도전이 맡았어요. 정도전은 왕과 신하들이 함께 의논해 나라를 끌어가는 유교 정치를 꿈꿨어요.
정도전의 소망은 궁궐과 사대문의 이름에 담겼지요.

★ **4대문** 조선 시대 한양에 있던 네 개의 대문을 말해요.

★ **숙정문** 본래는 홍지문으로 하려던 이름을 숙정문으로 바꾸었어요.

스티커 4대문과 산 스티커를 붙여 한양 지도를 완성해요.

북악산 / 인왕산 / 낙산 / 남산

★ **경복궁** 큰 복을 비는 궁이에요.

★ **돈의문** 의를 두텁게 하는 문이에요.

★ **홍인지문** 어짊이 흥하는 문이에요.

★ **숭례문** 예를 높이는 문이에요.

수도 한양의 모습을 보여 줄게.

태조

★ **광화문** 경복궁의 정문이에요. 빛이 널리 비춘다는 뜻이에요.

쓰기
정도전은 유교를 중요하게 여겼어요. 정도전이 주장한 네 가지 성품을 따라 써 보아요.

★ **인의예지** 유학에서 사람이 마땅히 갖추어야 할 네 가지 성품을 말해요.

인 의 예 지
어질다 의롭다 예의 바르다 지혜롭다

★ 정도전은 한양을 설계할 때 동대문은 흥인지문, 서대문은 돈의문, 남대문은 숭례문, 북대문은 홍지문이라고 이름을 붙였어요. 그러나 태조 때에 북대문이 완성되자 이름이 홍지문 대신 숙정문으로 바뀌었어요.

오려 붙이기
궁궐을 지키는 해태를 오려 붙여요.

붙여요

★ **해태** 해치라고도 해요. 관악산은 불의 기운이 많은 산인데, 불을 막기 위해 해태를 궁궐 앞에 두었어요.

정도전

 2 얼떨결에 왕이 된 얼떨떨 **정종**
(생애 1357-1419/재위 1398-1400)

얼떨결에 왕이 되었어요.

태조 이성계에게는 아들이 여덟 명 있었어요. 첫 왕비가 여섯 왕자를 낳았고, 두 번째 왕비가 두 왕자를 낳았지요.

"막내인 방석이를 세자로 삼겠다."

아버지가 첫째 형님도 아닌 어린 막내에게 왕위를 물려준다고 하자 다섯째인 이방원은 화를 참을 수 없었어요. 이방원은 '왕자의 난'을 일으켰어요. 병사를 모아 엄마가 다른 일곱째와 여덟째를 없애고 말았지요. 이후 태조는 둘째 아들인 방과를 세자로 삼았어요.

첫째가 몇 년 전 병으로 세상을 떠났기 때문이에요.
이방과는 얼떨결에 조선의 두 번째 왕 정종이 되었어요.
본래 훌륭한 장수였던 정종은 왕의 자리에 관심이 없었어요. 아들도 없었지요.
"동생 이방원을 아들로 삼겠다."
정종은 이렇게 말하며 이방원을 세자로 삼았어요.
정종은 왕의 일보다 격구를 더 즐겼어요.
2년 뒤에는 이방원에게 왕위를 물려주고 상왕*으로 물러났어요.

* **상왕** 왕의 자리를 물려주고 들어앉은 임금을 말해요.

오려 붙이기
정종이 격구를 즐기는 모습을 오려 붙여요.

붙여요

정종

★ **격구** 말을 타고 공을 치는 놀이예요. 말을 타고 싸우는 병사들은 군사 훈련을 위해서 격구를 하기도 했어요.

오려 붙이기

순서에 따라 태종을 만들어 붙여 육조에게 직접 명령을 내려요.

의정부

붙여요 ♥

붙여요 ★

3. 스스로 왕이 된 용감무쌍 태종
(생애 1367-1422/재위 1400-1418)

왕권 강화에 힘썼어요.

이방원은 똑똑하고 용감무쌍한 장수인 데다, 리더십도 뛰어났어요. 조선을 세우기 위해 누구보다 열심히 아버지인 태조를 도왔어요. 아버지에게 세자로 선택되지 않았지만, 끝끝내 형의 뒤를 이어 조선의 3대 왕 태종이 되었지요.

스티커
호조에는 돈, 병조에는 횃불, 형조에는 곤장 스티커를 붙여 육조를 완성해요.

★ **이조** 신하를 임명해요.
★ **호조** 나랏돈을 관리해요.
★ **예조** 외교와 학문을 담당해요.
★ **병조** 군사와 통신을 담당해요.
★ **형조** 재판, 소송, 감옥을 담당해요.
★ **공조** 토목, 건설, 해운을 담당해요.

태종 이방원은 왕이 강해야 나라가 강해진다고 생각했어요. 태종은 왕권을 강화하기 위해 '육조직계제'를 실시했어요. 원래는 왕이 의정부를 통해 육조*에게 명령을 전달했는데, 왕이 직접 육조에게 명령을 내릴 수 있게끔 바꾼 거예요.

* **육조** 조선 시대의 중앙 관청으로 국가의 사무를 맡아보던 부서예요.

나라의 기초를 다졌어요.

운동을 할 때도, 그림을 그릴 때도 기초가 중요해요. 태종은 조선의 기초를 단단히 다진 왕이에요. 전국을 8도로 나누고, 모든 고을에 지방관을 보냈어요.

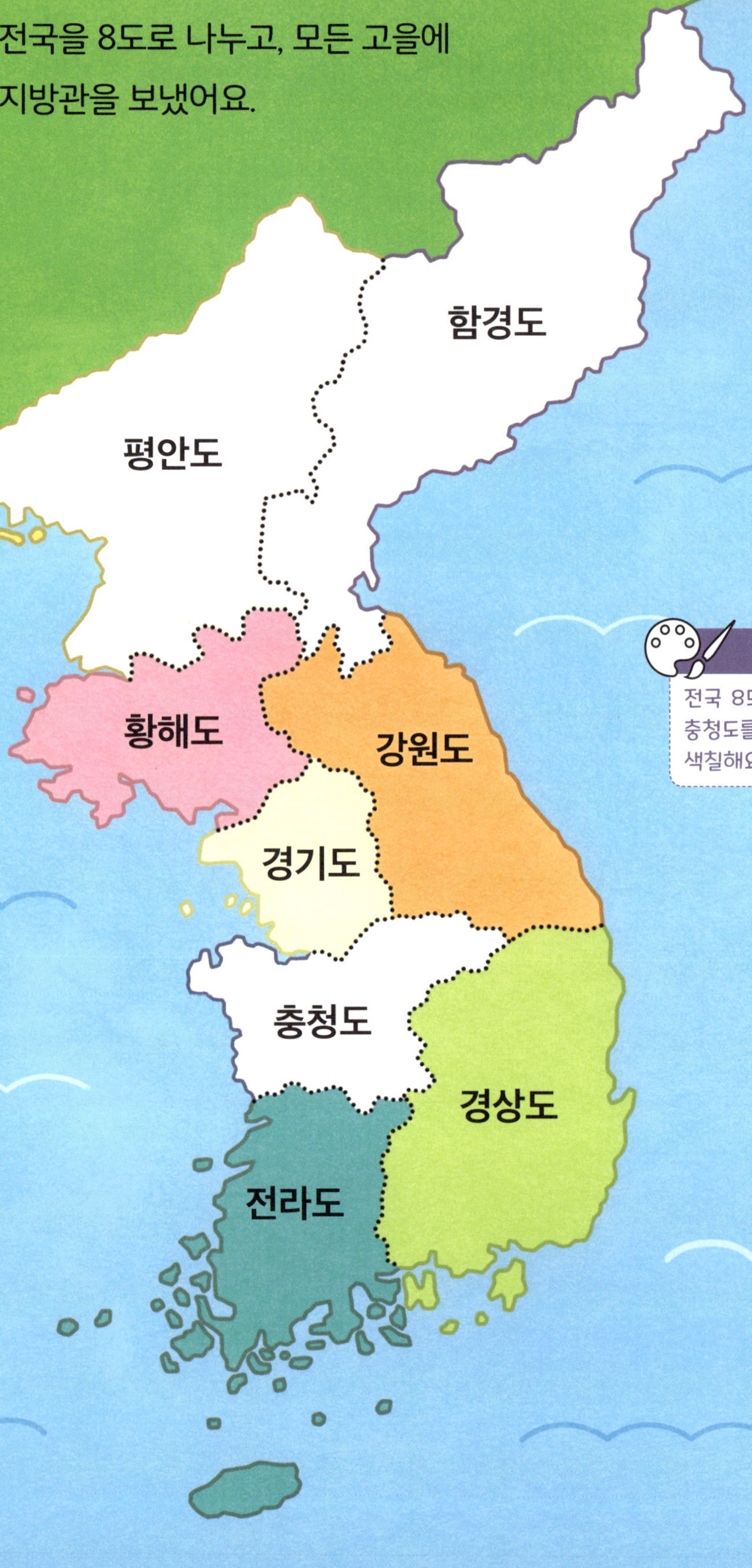

색칠하기
전국 8도 중 평안도, 함경도, 충청도를 각각 다른 색상으로 색칠해요.

전국을 8도로 나누어라!

태종

태종은 호패법도 시행했어요. 호패법은 16세 이상 남자가 신분증과 같은 호패를 가지고 다니도록 하는 법이에요. 호패법을 통해 조선에 살고 있는 사람들이 얼마나 되는지 알 수 있었답니다. 또한 백성들을 위해 '신문고'라는 커다란 북을 설치했어요. 둥둥둥! 억울한 일을 당한 백성이 북을 쳐 왕에게 직접 이야기할 수 있도록 했지요.

★ 신문고

전하, 억울하옵니다!

스티커
억울한 백성이 왕에게 이야기 할 수 있도록 신문고 스티커를 붙여요.

눈썹이 짙고 코와 턱 아래에 수염이 있군!

스티커
조선 시대의 신분증인 호패 스티커를 붙여요.

★ 호패 옛 사람들의 신분증이에요. 일반 백성의 호패에는 이름, 사는 곳, 생김새 등이 적혀 있어요.

4 백성들을 보살피는 팔방미인 세종
(생애 1397-1450/재위 1418-1450)

조선의 학문과 문화를 꽃피웠어요.

세종은 태종의 셋째 아들이에요. 태종은 세자였던 첫째 아들 양녕 대군이
놀러 다니기 바쁘자, 똑똑하고 영리한 충녕 대군을 세자로 바꾸었어요.
충녕이 바로 조선의 4대 왕 세종이에요. 세종은 정치, 과학, 음악 등
여러 방면에서 뛰어난 팔방미인이었어요.
또 재능 있는 사람들을 잘 뽑아 쓸 줄 알았어요.
세종은 젊은 학자들을 집현전으로 보내 학문을 연구하도록 했고,
신하들이 자기 능력을 발휘할 수 있도록 격려하고 도왔어요.
세종이 뽑은 신하들은 학문과 과학, 음악을 발전시키고
국방을 튼튼하게 만들었답니다.

스티커
세종이 뽑은 훌륭한 신하들과 그들의 업적을 오른쪽 페이지에 스티커로 붙여 보세요.

이 많은 걸 언제 다 하지?

좋은 인재를 뽑아서 함께 해야겠다.

세종

★ **혼천의** 태양, 달, 별의 움직임을 관찰할 수 있는 기구예요.

★ **장영실** 조선 최고의 과학자예요. 물시계 자격루, 해시계 앙부일구, 천체의 운행을 관측하는 혼천의 등을 만들었어요.

★ **농사직설** 경험 많은 농부들에게 농사짓는 방법에 대해 듣고 엮은 책이에요.

★ **정초** 뛰어난 학자예요. 《농사직설》과 여러 책들을 펴냈어요.

★ **이종무** 쓰시마 섬을 정벌한 장수예요.

★ **김종서** 여진족을 물리치고 6진을 설치해 두만강을 경계로 국경선을 넓혔어요.

★ **황희와 맹사성** 청렴하고 인품이 뛰어났던 조선의 명재상이에요.

★ **집현전** 학문을 연구하는 기관으로 세종이 만들었어요.

훈민정음을 만들었어요.

책을 사랑한 세종은 백성들이 글자 없이 사는 게 마음 아팠어요.

'세상에 있는 책들을 읽지 못하고, 자기 마음을 글로 쓸 수 없으니 얼마나 답답할까.'

세종은 학자들과 함께 우리 문자인 훈민정음을 만들었어요.

"나라의 말이 중국과 달라 한자와 서로 통하지 않으니, 하고 싶은 말이 있어도 제 뜻을 펴지 못하는 백성이 많다. 내가 이를 불쌍히 여겨 새로 스물여덟 자를 만드니 사람들이 쉽게 익혀 편히 쓰기를 바라노라."

오려 붙이기
훈민정음을 알게 된 백성들이 글을 읽고 쓰는 모습을 오려 붙여요.

백성들을 위해 훈민정음을 만들었다.

세종

붙여요

훈민정음은 입, 혀, 목구멍 등의 모양을 본떠서 과학적으로 만들어졌어요.
집현전 학자들은 《훈민정음 해례본》에 이 언어를 어떻게 만들었는지
자세하게 적어 놓았어요. 누가 만들었는지, 왜 만들었는지, 어떻게 만들었는지 등을
낱낱이 밝혀 놓은 언어는 세상에 훈민정음 딱 하나뿐이지요.

★ **자음** 발음 기관 모양을 본떠 만들었어요.

붙여요♥
혀뿌리가 목구멍을 막는 모양

붙여요★
혀가 윗잇몸에 닿는 모양

붙여요◆
입의 모양

붙여요▲
이의 모양

붙여요●
목구멍의 모양

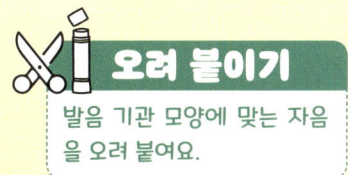

오려 붙이기
발음 기관 모양에 맞는 자음을 오려 붙여요.

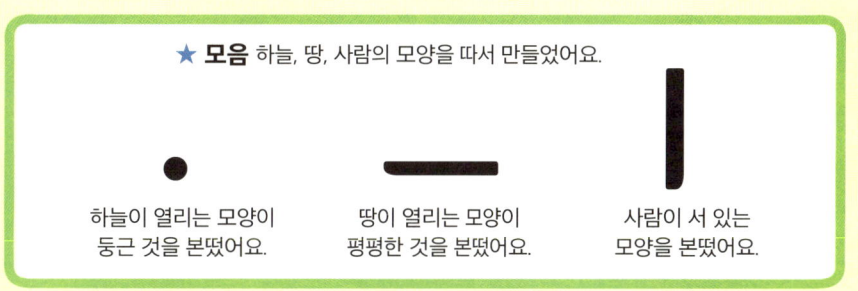

★ **모음** 하늘, 땅, 사람의 모양을 따서 만들었어요.

• 하늘이 열리는 모양이 둥근 것을 본떴어요.
― 땅이 열리는 모양이 평평한 것을 본떴어요.
ㅣ 사람이 서 있는 모양을 본떴어요.

세종을 도운 부전자전 문종
(생애 1414-1452/재위 1450-1452)

세종과 문종은 그 아버지에 그 아들, 부전자전이었어요.

문종은 똑똑하고 성실할 뿐 아니라 성격도 좋고 정치에도 뛰어났어요.
문종은 세자로 있는 동안 아픈 세종을 대신해 나라를 훌륭하게 다스렸어요.
세종과 함께 훈민정음을 연구했고, 비가 얼마나 내렸는지 알 수 있는 측우기도 만들었어요.
또한 왕이 된 후에는 문종 화차를 만들었어요. 화차는 신기전이라는 화살을 한 번에
수십 개씩 쏠 수 있는 무기예요. 문종이 신기전을 더 많이, 더 멀리 쏠 수 있도록 한 것이지요.

쓰기 & 스티커
문종이 만들어 낸 물건들의 이름을 쓰고,
로켓 화살 신기전을 자유롭게 붙여요.

★ **신기전** 화약을 단 로켓 화살이에요.

문종 화차

★ 많은 화살을 한 번에 쏠 수 있어요. 전쟁이 나면 무기로
쓰고, 평소에는 짐을 나르는 수레로 이용했어요.

측우기

★ 비가 오는 양을 잴 수 있는 기구예요. 빗물을 받아서
그 안에 얼마나 물이 고였는지 확인해요.

아버지처럼 훌륭한
왕이 되어야지!

문종

문종은 돌아가신 어머니의 삼년상을 치른 지 얼마 안 되어 아버지가 돌아가셔서 또 삼년상을 치렀어요. 그때 문종은 나랏일까지 무리하게 하여 건강이 크게 나빠지고 말았어요. 결국 문종은 왕이 된 지 약 2년 만에 눈을 감고 말았답니다.

오려 붙이기
아버지가 돌아가셔서 슬퍼하는 문종의 모습을 오려 붙여요.

붙여요

★ **삼년상** 우리 조상들은 부모님이 돌아가시면 3년 동안 상복을 입고 슬프게 울며 부모님을 기렸어요.

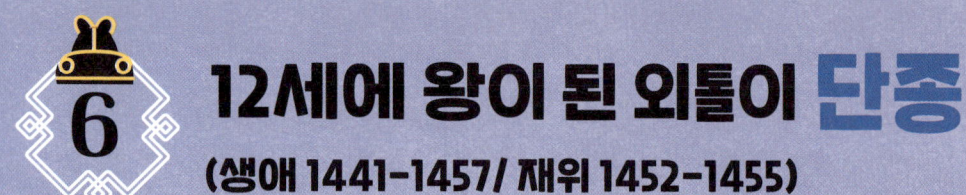

6. 12세에 왕이 된 외톨이 단종
(생애 1441-1457 / 재위 1452-1455)

작은아버지에게 왕위를 빼앗겼어요.

단종은 12세 어린 나이에 왕위에 올랐어요. 안타깝게도 단종은 외톨이였어요. 할머니와 어머니마저 일찍 돌아가셔서 나랏일을 도와주며 단종을 지켜줄 가까운 가족이 없었어요. 야심 많은 단종의 작은아버지 수양 대군은 계유정난*을 일으켜 단종의 자리를 빼앗았어요.

* **계유정난** 1453년에 수양 대군이 단종 편의 신하들을 모두 없앤 사건이에요.

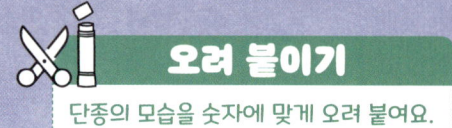

오려 붙이기
단종의 모습을 숫자에 맞게 오려 붙여요.

붙여요	붙여요
❶ 단종은 어린 나이에 왕위에 올랐어요.	❷ 단종은 수양 대군에게 왕의 자리를 빼앗겼어요.

붙여요

❸ 단종 편의 신하들이 단종을 다시 왕으로 올리고 싶어 했지만 계획이 들통나는 바람에 실패했어요.
이후 단종은 영월 청령포로 유배되었다가 사약을 받았어요.

세종과 문종을 따랐던 신하들은 단종을 다시 왕으로 올리는 '단종 복위 운동'을 하려고 했어요. 하지만 이 계획이 들통나는 바람에 많은 신하들이 죽고 말았어요. 외톨이 단종은 조선에서 가장 비극적인 삶을 살다 간 소년 왕이에요.

★ **사육신** 단종을 다시 왕으로 올리려고 하다가 목숨을 잃은 여섯 신하예요.

스티커 단종에게 충성했던 사육신과 생육신의 대사를 스티커로 붙여요.

★ **생육신** 단종이 왕위를 빼앗기자 벼슬을 버리고 자연에 묻혀 살았던 여섯 신하예요.

7 왕권 강화에 앞장선 야심만만 세조
(생애 1417-1468/재위 1455-1468)

조카를 밀어내고 왕이 되었어요.

수양 대군은 어린 조카 단종을 밀어내고 조선의 7대 왕 세조가 되었어요.
세조는 한명회와 신숙주를 항상 가까이 두었어요. 한명회는 세조가
왕이 될 수 있게 계유정난을 성공시킨 신하예요.
신숙주는 여러 나라의 말을 할 수 있었을 뿐 아니라
외교에도 뛰어난 학자예요.

오려 붙이기
세조가 가까이 했던 한명회와 신숙주를 오려 붙여요.

★ **한명회** 세조가 왕이 되는 데 가장 큰 공을 세운 신하예요.

붙여요♥

세조

붙여요★

★ **신숙주** 뛰어난 학자예요. 하지만 세종과 문종 때 집현전 학자였으면서 세조 편을 들어 배신자라고 불리기도 했어요.

세조는 능력은 뛰어났으나 정당하지 못하게 왕의 자리에 앉았어요.
그래서 세조를 비판하는 신하들도 많았어요.
세조는 비판을 듣지 않으려고 학자들을 키우는 집현전을 없앴어요.
또 신하들과 학문을 배우며 함께 토론하는 경연도 없앴어요.
세조는 신하들의 힘을 줄이고 왕의 힘을 키워
조선을 강한 나라로 만들려 했어요.

스티커

세조는 어린 조카를 밀어내고 왕위에 올랐어요. 세조를 비판하는 신하들을 스티커로 붙여 보세요.

여러 업적을 남겼어요.

세조는 음악과 춤을 사랑했어요. 세조는 세종의 뜻을 이어받아 보태평과 정대업을 다듬었어요. 보태평과 정대업은 세종이 우리 음악인 향악과 중국의 음악을 합쳐 만든 음악이에요. 세조는 이것을 종묘 제례악*에 사용했답니다. 우리 고유의 음악이 널리 쓰이길 바랐던 세종의 뜻을 세조가 널리 펴낸 것이지요.

* **종묘 제례악** 역대 왕에게 제사를 지낼 때 사용하는 궁중 음악이에요.

오려 붙이기
조선 시대의 왕실 제사 가운데 규모가 크고 중요한 종묘 제례를 오려 붙여요.

붙여요 ♥

세조는 태종 때 있었던 호패법을 다시 실시했어요. 나라의 인구를 조사하여 세금을 잘 걷을 수 있도록 했어요. 토지 제도도 고쳤어요.
또한 조선의 질서를 세우기 위해 《경국대전》이라는 법전을 만들도록 했어요. 훈민정음으로 쓴 책을 많이 만들어 훈민정음을 알리기 위해서도 노력했어요.

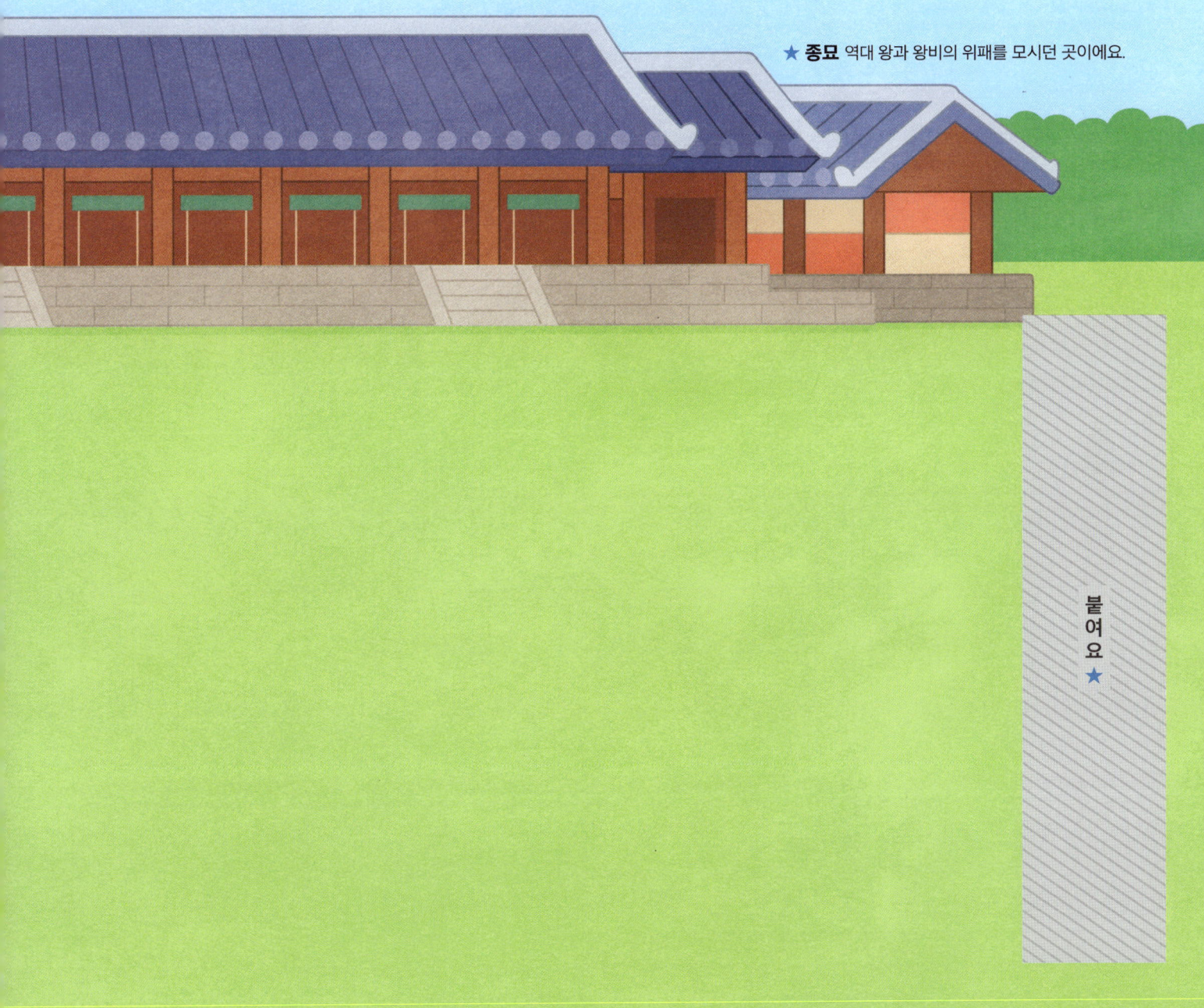

★ **종묘** 역대 왕과 왕비의 위패를 모시던 곳이에요.

붙여요
★

8 병으로 누운 비리비리 예종
(생애 1450-1469/재위 1468-1469)

최초로 수렴청정을 했어요.

어찌 된 일인지 세조의 아들들은 하나같이 비리비리했어요. 세자였던 첫째 아들은 병으로 죽고, 뒤이어 세자가 된 둘째 아들은 몸이 약했어요. 세조의 둘째 아들은 19세 나이에 조선의 여덟 번째 왕 예종이 되었어요.

★ **일월오봉도** 왕의 자리 뒤에 있는 그림이에요.
다섯 개의 산봉우리, 해와 달, 소나무가 그려져 있어요.

스티커
그림의 일부를 스티커로 붙여 일월오봉도를 완성하세요.

붙여요♥
예종

오려 붙이기
예종을 어좌에 앉혀요.

건강이 너무 나쁜 예종을 위해 어머니인 정희 왕후가 나랏일을 돕는 수렴청정을 했어요. 예종은 왕이 된 지 1년이 조금 지나 눈을 감고 말았어요. 그때 예종의 아들은 아주 어렸답니다.

★ **수렴청정** '발을 치고 함께 정치를 듣는다'는 말이에요. 조선 시대에는 어린 왕을 돕기 위해 왕실의 어른이 왕의 의자 뒤에 발을 드리우고 정치를 하기도 했어요.

붙여요 ★

오려 붙이기
정희 왕후가 수렴청정을 할 수 있도록 발을 오려 붙여요.

정희 왕후

경국대전을 완성한 자신만만 성종
(생애 1457-1494/재위 1469-1494)

경국대전을 완성했어요.

왕실의 가장 웃어른이었던 정희 왕후는 너무 어린 예종의 아들 대신 13세 조카를 왕으로 삼았어요. 이분이 성종이에요. 할머니 정희 왕후는 성종을 대신해 7년 동안 수렴청정을 했어요. 정희 왕후는 권력을 휘두르기보다 성종이 나라를 잘 다스릴 수 있도록 왕권을 안정시켜 나갔어요.

스티커
훈구파와 사림파를 스티커로 붙여요.

정희 왕후

★ **훈구파** 세조가 임금이었을 때 공을 세워 권력을 키웠어요. 조선을 세우는 데 도움을 주었던 사람들의 후손이에요.

청년이 된 성종은 자신만만하게 나라를 다스렸어요.
'훈구파 신하들이 똘똘 뭉치면 왕의 힘이 약해지니, 나를 따르는 새로운 신하들이 필요해.'
성종은 과거 시험을 열어 젊은 학자들을 뽑았어요. 지방에서 공부를 하다가 과거 시험으로 새롭게 등장한 사람들은 사림파를 이루었어요.
성종은 왕권을 안정시키고 유학을 키워 유교 정치의 틀을 만들었어요.
조선의 법을 담은 《경국대전》과 예법을 담은 《국조오례의》를 완성했고, 여러 제도를 잘 정비했어요.

오려 붙이기
《경국대전》을 오려 붙이고 내용의 일부를 확인해요.

★ 과거

★ 경국대전
오늘날의 헌법과 같아요.

성종

★ **사림파** 성종 시대에 나온 지방 출신의 학자들이에요. 조선을 세우는 걸 반대했던 사람들의 후손이에요.

2. 연산군부터 현종까지

- **10대** 신하들을 죽인 제멋대로 **연산군**
- **11대** 가만히 있다 왕이 된 어리둥절 **중종**
- **12대** 계모에게 미움받아도 인자했던 **인종**
- **13대** 엄마에게 휘둘린 우물쭈물 **명종**
- **14대** 한양을 버린 줄행랑 **선조**
- **15대** 이쪽저쪽 양다리 외교 **광해군**
- **16대** 청에 절을 쿵쿵쿵 **인조**
- **17대** 무조건 북벌 **효종**
- **18대** 골치 아픈 논쟁에 지끈지끈 **현종**

신하들을 죽인 제멋대로 연산군
(생애 1476-1506 / 재위 1494-1506)

신하들을 괴롭히며 제멋대로 행동했어요.

성종의 왕비 윤씨는 아들 연산군을 낳았어요. 하지만 성종이 후궁들과 가까이 지내자 큰 질투에 빠졌어요. 거짓말을 꾸며 후궁을 모함하고, 독약까지 궁궐에 숨겨 놓았어요. 그 때문에 왕비 자리에서 쫓겨나 사약을 받고 눈을 감았어요.

오려 붙이기
순서에 따라 '춤추는 기생'을 만들어 붙여요.

붙여요▲

★ **흥청** 연산군은 전국에서 뽑아 온 기생을 '흥청'이라 불렀어요. 흥청들과 노는 연산군을 보고 백성이 '흥청망청'이라는 말을 지었어요. 흥청망청은 흥에 겨워 돈이나 물건을 펑펑 쓰며 즐기는 걸 뜻해요.

왕이 된 연산군은 어머니를 내몰았던 신하들을 없애고, 바른말을 하는 신하들도 쫓아냈어요. 나랏일은 뒷전에 두고 전국의 기생들을 모아 연회를 열며 흥청망청 놀았지요. 포악하고 제멋대로인 연산군을 참지 못한 신하들은 반정*을 일으켜 연산군을 왕위에서 끌어내렸어요.

* **반정** 옳지 못한 임금을 왕의 자리에서 내리고 새 임금을 세운다는 뜻이에요.

스티커 연산군에게 술을 따르고 있는 장녹수를 붙여 주세요.

연산군

★ **장녹수** 흥청으로 궁궐에 들어와 후궁이 되었는데, 연산군 뒤에서 권력을 휘두르며 못된 짓을 많이 했어요.

11 가만히 있다 왕이 된 어리둥절 중종
(생애 1488-1544/재위 1506-1544)

신하들의 반정으로 왕위에 올랐어요.

연산군을 몰아낸 후 신하들은 성종의 둘째 아들 역을 왕으로 추대했어요.
가만히 있던 역은 어리둥절한 채 왕위에 올라 중종이 되었어요.
중종의 아내 단경 왕후는 덩달아 왕비가 되었다가 7일 만에 쫓겨났어요.
단경 왕후의 아버지가 연산군의 처남이었기 때문이에요.
단경 왕후는 폐위된 뒤 인왕산 아래 마을에서 살았어요.

★ 인왕산 치마바위

붙여요

오려 붙이기
중종이 볼 수 있게 인왕산 바위 위에 붉은 치마를 오려 붙여요.

★ 중종이 자신을 그리워한다는 걸 알게 된 단경 왕후는 중종이 볼 수 있게 집 근처 인왕산 바위에 붉은 치마를 걸쳐 놓았다고 전해져요. 그 바위가 바로 인왕산 치마바위랍니다.

중종반정*을 일으켜 공을 세운 신하들은 훈구파의 공신이 되어 거만하게 행동했어요.
'신하들에게 끌려다닐 수 없어. 왕권을 회복하기 위해 사림파 인재를 쓰자.'
중종은 사림파 유학자인 조광조를 불러 개혁 정치를 펴도록 했어요.
하지만 조광조는 너무 성급하게 나라를 고치려고 했어요. 또 모든 훈구파를
없애야 할 적으로 몰아세웠어요. 화가 난 훈구파는 조광조가 왕위를 노리고 있다고
꾸며 중종에게 알렸어요. 결국 중종은 조광조와 사림파를 없애고 말았어요.

* **중종반정** 연산군을 몰아내고 중종을 왕으로 추대한 사건을 말해요.

오려 붙이기
사림파의 우두머리 조광조를 오려 붙여요.

붙여요

조광조　　　　　　중종

계모에게 미움받아도 인자했던 인종
(생애 1515-1545/재위 1544-1545)

사이가 나쁜 새어머니에게도 효도했어요.

중종의 아들 호는 태어난 지 7일 만에 친어머니를 잃고
새어머니 문정 왕후에게 키워졌어요.
호를 아끼던 문정 왕후는 늦둥이 아들을
낳은 뒤로 호한테 쌀쌀맞게 굴었어요.
그래도 호는 문정 왕후에게 친어머니처럼
효도를 했어요. 이분이 인종이에요.

붙여요 ♥

★ **왕릉** 임금의 무덤을 말해요. 조선 왕릉은
유네스코 세계 유산이랍니다.

인종은 억울하게 피해를 입은 사림파 신하들에게 죄가 없음을 밝히고, 그들의 신분을 회복해 주었어요.
인종은 유교 정치를 펴 나가려 했으나 중종의 삼년상을 치르며 몸이 약해졌어요. 밥도 제때 먹지 않으며 나랏일을 하던 인종은 결국 건강이 나빠졌지요. 인종은 왕이 된 뒤 고작 8개월 만에 눈을 감고 말았어요.

붙여요

오려 붙이기

조선 왕릉을 오려 붙여요. 책을 펼치면 조선 왕릉을 한눈에 볼 수 있어요.

엄마에게 휘둘린 우물쭈물 명종
(생애 1534-1567/재위 1545-1567)

어머니 때문에 뜻을 펴지 못했어요.

인종이 자식 없이 일찍 죽자 문정 왕후의 어린 아들이 왕위에 올랐어요.
문정 왕후는 아들인 명종을 대신하여 수렴청정을 했어요.
인종을 따르던 신하들을 싹 없애 버렸지요. 수렴청정이 끝난 후에도
명종은 어머니에게 휘둘려 나랏일을 뜻대로 하지 못했어요.

쓰기
문정 왕후는 명종을 대신하여 권력을 잡고 휘둘렀어요. 명종이 마음속으로 어떤 생각을 했을지 상상해서 써 보아요.

명종

문정 왕후

문정 왕후의 동생 윤원형은 나랏일을 마음대로 주무르고 재산을 끌어모으기 위해 부정부패*를 저질렀어요. 또 명종 때 관리들은 자기 이익을 챙기기 위해 백성들에게 세금을 많이 거두었어요. 이를 견디지 못한 농민들은 고향을 버리고 도적이 되었어요. 임꺽정은 탐관오리*의 창고를 털어 가난한 사람들에게 나누어 주어 의로운 도적이라 불렸답니다.

* **부정부패** 행동이나 의식이 바르지 못하고 잘못된 길로 빠지는 것을 말해요.
* **탐관오리** 백성의 재물을 빼앗는 관리를 말해요.

스티커
탐관오리의 재물을 훔쳐 달아나는 임꺽정의 모습이에요. 수레 위에 쌀가마니를 스티커로 붙여요.

14 한양을 버린 줄행랑 **선조**
(생애 1552-1608/재위 1567-1608)

사림파 신하들이 편을 나누어 싸웠어요.

12대 인종도, 13대 명종도 왕위를 이을 아들을 남기지 못했어요.
그 덕에 11대 중종의 손자 연이 왕위를 이어받을 기회를 얻었어요.
"중종의 왕비께서 낳은 아들은 더 없으니 중종의 후궁께서 낳은 아들의
자손이 다음 왕위를 이어야 합니다."
14대 왕 선조가 된 연은 최초로 후궁이 낳은 아들의 자손이에요.

새로운 인재가 없을까?

사림파 선비

제자   제자

선조

★ **사림** 많은 사림파 선비들은 벼슬에 나서지 않고 지방에서 성리학을 공부하며 제자를 키웠어요.

스티커
선조가 생각한 새로운 인재 사림파의 모습을 스티커로 붙여요.

선조는 훈구파 신하 대신 새로운 인재를 쓰기 위해 학문을 닦고 있던 사림파 인재들을 불렀어요. 선조의 부름을 받고 권력을 잡은 사림파 신하들은 안타깝게도 하나로 뭉치지 못했어요. 끼리끼리 편을 나누어 당을 만든 이들은 서로를 미워하고 다투는 붕당 정치를 벌였답니다.

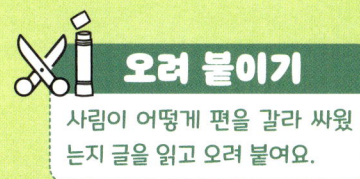

오려 붙이기
사림이 어떻게 편을 갈라 싸웠는지 글을 읽고 오려 붙여요.

붙여요 ♥

❶ 사림은 동쪽에 사는 김효원을 따르는 동인과, 서쪽에 사는 심의겸을 따르는 서인으로 나뉘었어요.

❷ 동인과 서인은 '이조 전랑' 자리를 두고 다투다가 사이가 크게 나빠졌어요. 이조 전랑은 관리를 임명하고 인물을 추천하는 관직 자리예요. 권한이 아주 강한 자리였지요.

붙여요 ★

❸ 서인은 동인이 반란을 일으키려 했다고 몰아붙였어요. 그래서 많은 동인 신하들이 죽임을 당했어요.

❹ 동인도 선조에게 서인을 모함했어요. 결국 선조는 서인들을 쫓아냈어요.

❺ 동인은 서인들을 어떻게 할지 의논하다가 북인과 남인으로 갈라졌어요.

서인

임진왜란으로 고통을 겪었어요.

1592년 일본이 조선에 쳐들어왔어요. 일본 병사들이 물밀듯이 밀려들어 오자, 선조는 신하들을 이끌고 한양을 떠났어요.
일본군을 피해 개성, 평양, 의주로 도망쳤지요.
"백성의 어버이라는 왕이 우릴 두고 자기만 살겠다며 도망을 가?"
백성들은 분노해 경복궁을 불태워 버렸답니다.

스티커
불 스티커를 경복궁에 붙여 분노한 백성들의 마음을 살펴봐요.

오려 붙이기
도망가는 선조 행렬을 오려 붙여요.

붙여요

선조가 도망을 다닐 동안 조선 땅 곳곳에서는 의병이 들고일어났어요. 의병은 백성들이 스스로 만든 군대예요. 관군과 의병이 힘을 합쳐 왜군을 물리쳤어요.
바다는 이순신 장군이 지켰어요. 이순신 장군이 이끄는 수군은 바다로 들어오는 왜군의 배를 박살 내며 커다란 승리를 거듭 거두었어요. 우리 의병과 수군의 노력으로 약 7년 동안 계속된 고통스러운 전쟁을 끝낼 수 있었어요.

색칠하기
의병이 활동했던 장소를 색칠해 보세요.

전국 곳곳에서 의병이 활동했어!

★ **의병** 외적을 물리치기 위해 스스로 군대를 만들고 싸웠어요.

우린 끄떡없다!

이순신

15 이쪽저쪽 양다리 외교 광해군
(생애 1575-1641/재위 1608-1623)

중립 외교를 했어요.

임진왜란이 일어났을 때 조선에는 세자가 없었어요. 선조와 왕비 사이에 아들이 없었거든요. 나라가 위태로워지자 선조는 후궁과의 사이에 태어난 광해군을 세자로 삼았어요. 세자가 된 광해군은 도망친 왕을 대신해 전쟁터를 돌며 백성들을 격려하고 군사를 모집했어요. 광해군이 이 일을 잘 해내었기에 많은 신하들이 광해군을 따르게 되었답니다. 임진왜란이 끝난 뒤 광해군은 조선의 15대 왕이 되었어요.

색칠하기
전쟁터에서 백성들을 격려하는 광해군을 색칠해요.

조선은 오래전부터 명나라를 섬겼어요. 그런데 인조 때부터 명나라의 힘이 약해지며 여진족이 후금을 세웠어요. 광해군은 무작정 명나라 편을 들지 않고, 명과 후금 사이에서 이쪽저쪽 살피며 중립 외교 정책을 폈어요. 시대를 앞선 광해군의 외교 정책은 북인 신하들의 지지를 받았어요. 하지만 명나라를 숭상하는 서인과 남인은 광해군을 미워했어요. 광해군은 결국 서인들이 일으킨 인조반정으로 왕위를 잃고 유배되고 말았어요.

스티커
덕수궁에 갇힌 인목대비 그림자를 스티커로 붙여요.

광해군은 동생을 죽이고 어머니를 궁에 가두었어.

★ 서인 신하들이에요.

16. 청에 절을 쿵쿵쿵 인조
(생애 1595-1649/재위 1623-1649)

반정으로 왕이 되었어요.

후궁의 아들 광해군은 뒤늦게 태어난 왕비의 아들 영창 대군에게 왕위를 빼앗길까 봐 불안했어요. 그래서 왕이 되자 영창 대군을 죽이고 그의 어머니 인목 대비를 덕수궁에 가두었어요. 광해군의 중립 외교를 싫어했던 서인들은 이 일을 꼬투리로 잡았어요.

서인들은 광해군을 물러나게 할 계획을 세웠어요.
"내가 반정을 지휘하겠소."
광해군의 조카이자 14대 선조의 손자인 능양군은 서인들과 함께 반정에 나서
성공했답니다. 능양군은 조선의 16대 왕 인조가 되었어요.

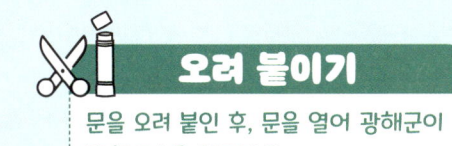

오려 붙이기
문을 오려 붙인 후, 문을 열어 광해군이 잡힌 모습을 살펴봐요.

붙여요 ♥   붙여요 ★

호란을 겪었어요.

인조는 왕이 된 후 서인과 함께 명나라를 어버이처럼 따랐어요.

후금은 오랑캐의 나라라며 우습게 여겼지요.

그런데 후금이 정묘호란을 일으켜 조선에 쳐들어왔어요.

"우리 후금과 형제 관계를 맺으면 물러가겠소."

후금은 조선과 억지로 형제 관계를 맺은 후 나라 이름을 청으로 고쳤어요.

그 뒤로 더 큰 나라가 된 청은 조선에 새로 군신 관계를 요구했어요.

"조선은 청을 받드는 신하의 나라가 되어라."

조선이 따르지 않자 청은 병자호란을 일으켜 조선으로 쳐들어왔어요.
인조는 남한산성으로 대피했으나 더 버티지 못하고 항복하고 말았어요.
청나라 황제가 있는 한강 나루터까지 끌려가 무릎을 꿇고 머리가 땅에 닿도록
쿵쿵쿵 절을 해야 했어요. 이때 인조의 세 아들이 청에 인질로 끌려갔어요.
인조는 청을 평생 미워했답니다.

17 무조건 북벌 효종
(생애 1619-1659/재위 1649-1659)

청나라를 미워해 북벌을 바랐어요.

청에 끌려간 인조의 세 아들 중 첫째 소현 세자와 둘째 봉림 대군은 오랫동안 조선으로 돌아오지 못했어요. 소현 세자는 청에서 새로운 서양 문물을 접하며 청과 점점 가까워졌어요. 반대로 둘째인 봉림 대군은 청을 철저히 미워했어요. 청은 명나라와 싸워 이긴 후 소현 세자와 봉림 대군을 풀어 줬어요. 인조는 청과 가까워진 소현 세자를 싫어했어요. 소현 세자가 갑자기 건강이 나빠져 눈을 감자, 인조는 봉림 대군을 세자로 삼았어요. 이 과정이 자연스럽지 않아서, 인조가 소현 세자를 독으로 없앴을 거라는 이야기가 전해지고 있답니다.

> 아버지께 청에서 접했던 서양 문물들을 보여 드려야지!

소현 세자

✏️ 쓰기
청을 미워했던 봉림 대군이 뭐라고 했을지 상상해서 써 보아요.

봉림 대군

★ 효종은 청룡언월도라고 불리는 커다란 도를 잘 다루었어요.

봉림 대군은 조선의 17대 왕 효종이 되었어요.
"명나라는 어버이의 나라다. 아들의 나라인 조선이 청을 물리쳐 원수를 갚아야 한다!"
효종은 청을 물리치기로 마음먹었어요. 하지만 신하들의 반응은 뜨뜻미지근했어요.
조선이 아직 전쟁의 상처에서 벗어나지 못한 데다 청이 점점 강해지고 있었기 때문이에요.
효종은 청을 정벌하자는 북벌을 외쳤지만 끝내 성공하지 못하고 몸에 난 종기 때문에 눈을 감고 말았어요.

골치 아픈 논쟁에 지끈지끈 현종
(생애 1641-1674/재위 1659-1674)

장례 때문에 골이 지끈지끈했어요.

효종의 아들 현종은 왕이 되자마자 골치가 아팠어요. 효종의 어머니인 자의 대비가 상복을 얼마 동안 입어야 하느냐로 서인과 남인 신하들이 싸웠거든요. 서인은 효종이 둘째 아들이기 때문에 상복을 일 년 입으면 된다고 했어요. 남인은 효종이 왕이기 때문에 삼 년을 입어야 한다고 했어요. 대비가 상복 입는 기간을 두고 신하들이 싸운 것을 예송 논쟁이라고 해요. 겉보기와 달리 이건 서인과 남인의 권력 다툼이었어요.

미로 게임
자의 대비는 서인과 남인 중 어느 쪽 신하들의 말을 들었을까요? 미로를 따라가서 나온 신하에 승리 스티커를 붙여요.

출발!
자의 대비

효종은 둘째 아들이니 1년!
서인

현종

효종은 왕이니 3년!
남인

그 후 효종의 왕비인 인선 왕후가 눈을 감자 논쟁은 또 시작됐어요.
"둘째 아들의 아내가 죽었으니 대비께서는 9개월만 상을 치르시면 됩니다."
"어허, 효종은 왕입니다. 왕비가 죽었으니 대비께서는 일 년 상을 치러야 합니다."
자의 대비는 남인의 주장을 따라 일 년 상을 치렀어요.
이 일로 서인의 힘은 줄어들고 남인의 힘은 커졌어요. 예송 논쟁의 최종 승자는 남인이 되었답니다. 현종은 서인과 남인의 싸움으로 골치가 아픈 왕이었어요.

3. 숙종부터 순종까지

- 19대 신하들을 쥐락펴락 **숙종**
- 20대 누워 지낸 시름시름 **경종**
- 21대 탕평책을 펼친 탕탕평평 **영조**
- 22대 여러 번 죽을 뻔한 아찔아찔 **정조**
- 23대 안동 김씨에 쩔쩔맨, 순해 빠진 **순조**
- 24대 외척에 흔들흔들 **헌종**
- 25대 농사짓다 왕이 된 어리벙벙 **철종**
- 26대 개혁을 꿈꾼 대한 제국 **고종**
- 27대 마지막 황제, 허수아비 **순종**

19 신하들을 쥐락펴락 숙종
(생애 1661-1720 / 재위 1674-1720)

사랑도 정치에 이용했어요.

현종의 외아들 숙종은 14세 소년으로 왕이 되었어요. 그 뒤로 14년 동안 아들이 없었던 숙종은 후궁 장희빈이 아들을 낳자 크게 기뻐했어요.

"내 아들을 세자로 삼겠다."

숙종은 말리는 왕비파 서인들을 쫓아내고 왕비를 폐위해 버렸어요. 장희빈을 왕비로 만들고 아들을 세자로 삼았지요. 이 일로 장희빈을 지지하는 남인의 힘이 커졌어요. 몇 년 후 장희빈에 대한 사랑이 식은 숙종은 장희빈을 후궁으로 내리고 인현 왕후를 다시 왕비로 삼았어요. 이 일로 왕비를 지지하는 서인들이 힘을 얻었지요.

숙종은 남인과 서인을 쥐락펴락하며 왕권을 강화했어요.

오려 붙이기
숙종의 여인이었던 장희빈과 인현 왕후를 오려 붙여요.

"장희빈의 아들을 세자로 삼겠다."

"전하, 아니되옵니다!"

붙여요 ♥
숙종

★ 장희빈 조선왕조실록에 "자못 얼굴이 아름다웠다."라고 쓰여 있는 유일한 여성이에요. 그래서 조선 최고의 미녀로 장희빈을 꼽아요.

붙여요 ★
인현 왕후

상평통보로 물건을 살 수 있어요.

쓰기
숙종 때 다시 만들어진 조선 엽전의 이름을 쓰세요.

★ 상평통보를 만들 때 쓰는 틀이에요. 나뭇가지에 매달린 잎사귀 모양과 닮아 '나뭇잎 엽' 한자를 써서 엽전이라고 불렀어요.

숙종은 물건을 살 때 쓸 수 있는 상평통보를 만들도록 했어요. 상평통보는 조선의 엽전이에요. 인조 때 처음 만들어졌으나 잘 쓰이지 않다가 숙종 때 다시 만들어져 조선 말기까지 쓰였어요. 뿐만 아니라, 광해군 때부터 역대 왕들이 확대해 온 대동법*을 더 확대했어요.
또 산성을 쌓아 외적에 대비하고, 청나라와 조선 사이에 영토 경계선도 정했답니다.

* **대동법** 여러 가지 특산물을 쌀로 통일하여 바치게 한 납세 제도를 말해요.

장희빈

스티커
왕비를 저주하다 들통난 장희빈 앞에 사약 스티커를 붙여요.

누워 지낸 시름시름 경종
(생애 1688-1724/재위 1720-1724)

몸이 약해 뜻을 펴지 못했어요.

인현 왕후가 시름시름 앓다가 죽자, 한 후궁이 숙종에게 일렀어요.
"장희빈이 무당을 불러 저주했어요!"
화가 난 숙종은 장희빈에게 사약을 내렸어요.
장희빈의 아들이자 세자인 윤은 20대 왕 경종이 되었어요.

장희빈을 싫어했던 서인 신하들은 경종도 싫어했어요. 이들이 노론이에요.
노론들은 숙종의 또 다른 아들인 연잉군을 세제*로 올리려고 애를 썼어요.
"전하께서는 몸도 약하고 아이도 없으시니 아우를 세제로 삼으시지요."
경종이 동생을 세제로 삼자 노론은 경종을 아예 물러나게 하려고 했어요.
경종을 따르는 젊은 서인 신하들이 노론에 맞서 다투었어요.
하지만 경종은 왕이 된 지 4년 만에 병으로 세상을 떠났어요.

* **세제** 왕위를 이어받게 될 왕의 동생을 말해요.

연잉군을 따르자!

경종을 따르자!

노론
★ 서인들 중 나이가 많은 신하들이에요.
경종의 동생 연잉군을 따랐어요.

소론
★ 서인들 중 젊은 신하들이에요.
경종이 나라를 잘 다스리길 바랐어요.

✏️ 쓰기
연잉군을 따르는 신하와 경종을 따르는 신하의 당파를 각각 써 보세요.

경종

21 탕평책을 펼친 탕탕평평 영조
(생애 1694-1776/재위 1724-1776)

당을 가리지 않고 신하들을 뽑아 썼어요.

영조는 신하들이 당을 나눠 싸우는 것이 지긋지긋했어요.
그래서 탕탕평평한 탕평책을 쓰겠다고 했어요.
어느 쪽으로도 치우치지 않고 공평하게 사람을 뽑겠다는 거예요.
"내 앞에서 서로 당을 나눠 싸우지 마시오. 나는 당을 가리지 않고 좋은 인재를 골라 쓰겠소."
하지만 노론과 소론은 틈만 나면 싸워 영조를 힘들게 했어요.
그런 가운데도 영조는 재능이 뛰어난 신하를 뽑기 위해 노력했어요.

많은 재료가 섞여 있는 탕평채처럼 인재를 고루고루 쓰겠소!

영조

스티커
다양한 재료를 빈 그릇 안에 붙여 탕평채를 완성해요.

★ **탕평채** 흰 청포묵은 서인을, 푸른 미나리는 동인을, 붉은 소고기는 남인을, 검은 김은 북인을 뜻해요. 탕평채에는 화합을 바라는 영조의 마음이 담겨 있어요.

영조의 탕평책으로도 당파 싸움은 멈추지 않았어요. 노론과 소론은 서로 물고 뜯었고, 세자까지 싸움에 끌어들였어요. 소론은 사도 세자와 가까이 지내며 다음 권력을 잡으려 했고, 이를 알게 된 노론은 세자에 대해 안 좋은 말만 영조에게 옮겼어요.
화가 난 영조는 세자를 뒤주에 가두어 죽도록 했답니다.
그 뒤 영조는 자기 행동을 뉘우치며 사도 세자의 아들을 세손으로 삼았어요.

백성들을 위해 일했어요.

영조는 세제가 되기 전 10년 동안 궁궐 밖에서 살았어요.
백성들이 어떻게 사는지 가까이서 보았지요. 그래서 영조는 백성들이 필요한 게 무엇인지 다른 왕보다 더 잘 알았어요.
"균역법을 실시해 1년에 군포를 한 필만 걷도록 하겠다."
영조는 세금으로 내는 군포를 두 필에서 한 필로 줄여 백성들의 부담을 덜어 주었어요.

오려 붙이기
군포를 하나씩 내고 있는 백성들의 모습을 오려 붙여요.

붙여요

★ **군포** 조선 시대에 양인들은 국방의 의무를 다하기 위해 군대에 가거나 군포를 내야 했어요. 군포는 나라에 세금으로 내던 옷감이에요.

영조는 차별받던 서얼들도 과거 시험을 볼 수 있게 했어요. 서얼은 서자*와 얼자*를 함께 부르는 말로, 양반과 양반이 아닌 사람 사이에 태어난 자식들을 말해요. 영조는 신문고도 부활시켰어요. 억울한 일을 당한 백성이 신문고를 쳐 왕에게 직접 고할 수 있도록 했어요. 죄인을 사형할 때는 신중하게 결정하기 위해 반드시 세 번의 심판을 거치도록 했어요.

* **서자** 양반과 양민 사이에 태어난 자식을 말해요.
* **얼자** 양반과 천민 사이에 태어난 자식을 말해요.

★ **신문고** 태종 때 만들어졌다가 연산군 때 사라졌지만 영조가 되살렸어요.

서자인 나도 드디어 과거 시험을 보는구나!

스티커
서얼들도 과거 시험을 볼 수 있도록 종이, 붓, 벼루 스티커를 붙여요.

22 여러 번 죽을 뻔한 아찔아찔 정조
(생애 1752-1800/재위 1776-1800)

규장각을 세웠어요.

영조의 손자이자 사도 세자의 아들인 산은 영리하고 마음이 깊었어요.
하지만 노론 신하들은 산을 꺼려했어요.
"우리가 사도 세자를 죽게 했으니 세손은 노론을 미워할 겁니다. 다른 사람이 왕이 되어야 해요."
산은 세손으로 있으며 아찔아찔한 일을 많이 겪었어요. 자객이 찾아올까봐
옷도 벗고 자지 못할 정도였다고 해요.

쓰기
정조 때 세워진 왕실 도서관의 이름을 써 보아요.

다들 이쪽으로 모이거라!

정조

★ 유득공, 박제가, 이덕무는 서자 신분의 실학자예요. 정조는 신분이 낮아서 세상에 나오지 못했던 반짝반짝한 인재들을 규장각으로 불러 모았어요.

영조의 뒤를 이어 왕이 된 정조는 조선에 새로운 정치를 펴고 싶어 했어요.
'새로운 인재가 필요해. 도서관을 세워 인재를 키우자.'
정조는 남인이든 노론이든 가리지 않고 좋은 인재를 찾았어요.
그들을 도서관인 규장각으로 불러 모아 지혜로운 신하들로 키워 냈어요.
이들은 새로운 정치의 바탕이 되었고 조선의 문화와 학문을 성장시켰어요.

오려 붙이기
정조의 지혜로운 신하들을 오려 붙여요.

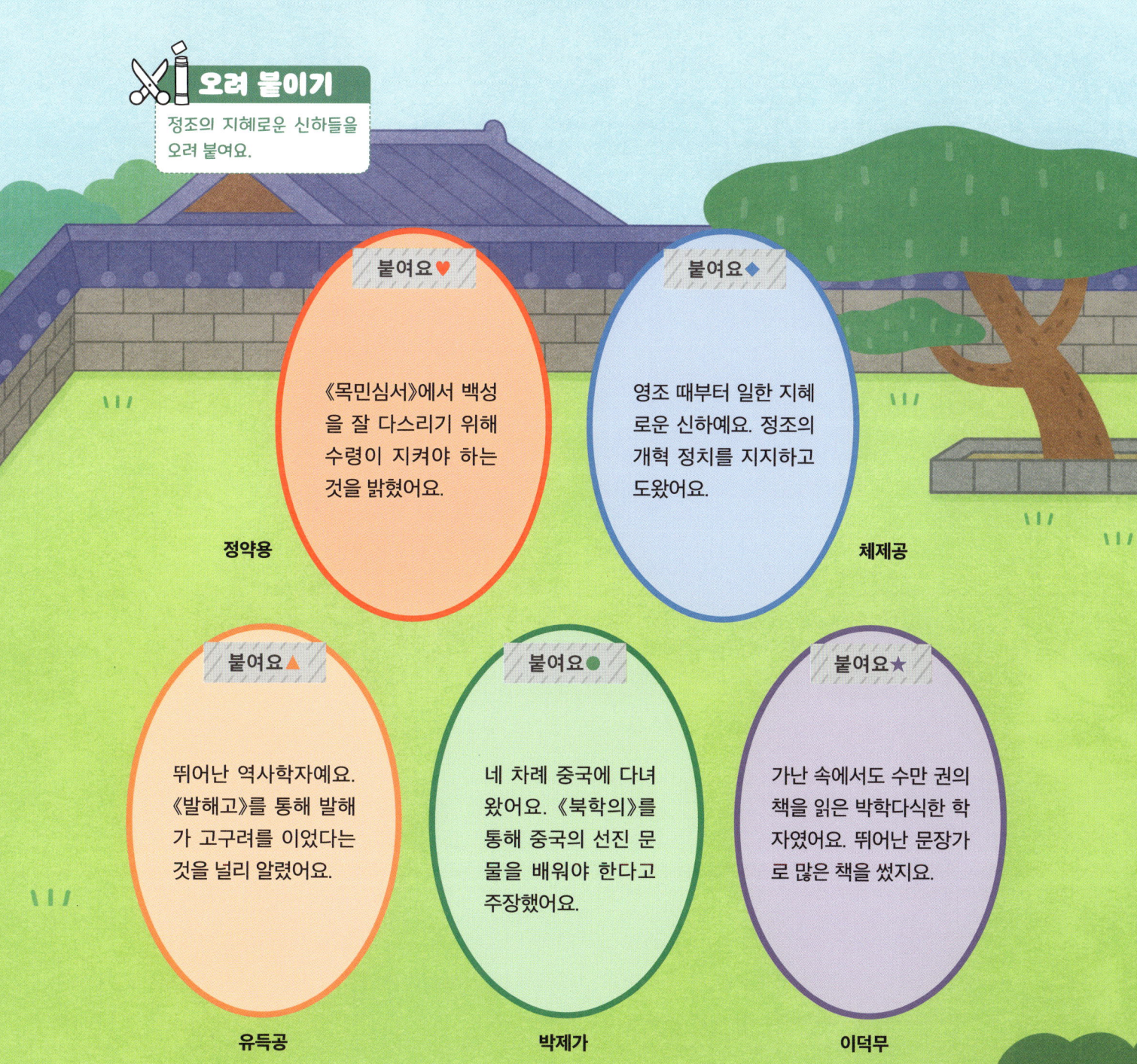

붙여요 ♥
《목민심서》에서 백성을 잘 다스리기 위해 수령이 지켜야 하는 것을 밝혔어요.

정약용

붙여요 ◆
영조 때부터 일한 지혜로운 신하예요. 정조의 개혁 정치를 지지하고 도왔어요.

채제공

붙여요 ▲
뛰어난 역사학자예요. 《발해고》를 통해 발해가 고구려를 이었다는 것을 널리 알렸어요.

유득공

붙여요 ●
네 차례 중국에 다녀왔어요. 《북학의》를 통해 중국의 선진 문물을 배워야 한다고 주장했어요.

박제가

붙여요 ★
가난 속에서도 수만 권의 책을 읽은 박학다식한 학자였어요. 뛰어난 문장가로 많은 책을 썼지요.

이덕무

우리 문화를 아꼈어요.

정조 시대에는 '우리 것'에 대한 관심이 깊어졌어요. 화가 김홍도는 우리 서민들의 일상을 담은 풍속화를 그렸고, 정선은 우리 땅의 경치를 담은 진경 산수화를 그렸어요. 또한 실학자들은 우리 생활에 도움이 되는 실용적인 학문을 연구했어요.

스티커
정조 시대에 활발하게 활동했던 김홍도와 정선의 대표 작품을 스티커로 붙여 완성해요.

김홍도

★ 풍속화 <씨름>이에요. 씨름을 하는 사람과 구경꾼들의 모습을 실감나게 표현했어요.

★ <인왕제색도>는 정선이 영조 때 그린 작품이에요. 정선은 영조와 정조 시대에 활발히 활동했어요.

정선

정조는 아버지인 사도 세자의 묘를 더 좋은 곳으로 옮기고 싶어 했어요. 그래서 묘를 수원으로 옮기고 효심을 담은 화성을 쌓았어요. 정조는 훗날 왕위를 물려준 뒤 아버지 묘와 가까운 수원 화성에서 살고 싶어 했지만, 안타깝게도 바람은 이루어지지 않았어요. 종기로 건강이 나빠져 눈을 감고 말았기 때문이에요.

오려 붙이기
벽돌을 쌓는 모습을 이어 붙이고, 플랩을 닫아 완성된 수원 화성의 모습도 확인해 보세요.

★ 조선 시대에는 공사를 할 때 백성들이 돈을 받지 못하고 일을 했어요. 하지만 정조는 화성을 쌓을 때 백성들에게 임금을 꼬박꼬박 주었답니다.

23 안동 김씨에 쩔쩔맨, 순해 빠진 순조
(생애 1790-1834/재위 1800-1834)

수렴청정과 외척 정치로 뜻을 펴지 못했어요.

정조가 죽었을 때 11세였던 세자는 23대 왕 순조가 되었어요. 왕실의 가장 어른인 영조의 왕비 정순 왕후가 수렴청정을 했어요. 정순 왕후는 정조의 개혁을 못마땅하게 여겼어요. 정조가 아꼈던 신하들을 밀어내기 위해 천주교*를 이용했지요. 천주교를 믿는다는 이유로 정조가 키운 규장각 인재들을 없애거나 유배를 보냈어요. 정순 왕후가 수렴청정을 하는 동안, 정조 때의 인재들은 모두 사라지고 말았어요.

* **천주교** 청나라에서 들어온 서양 학문이에요. 천주교의 평등 사상은 신분 차별을 받던 조선 백성들에게 큰 호응을 얻었어요.

색칠하기
천주교를 믿는다는 이유로 사람들은 포졸에게 끌려갔어요. 사람들 몸을 묶은 밧줄을 색칠해 보세요.

★ **신유박해** 정순 왕후가 천주교 금지령을 내리고 천주교를 믿는 사람들을 잡아들인 사건이에요. 이때 정약용, 박제가 등 정조가 아끼던 신하들이 모두 죽거나 유배되었어요.

수렴청정이 끝나자 이번에는 왕비의 친척들이 물을 흐리기 시작했어요. 순해도 너무 순한 순조는 왕비인 순원 왕후와 그 오빠들이 멋대로 권력을 휘둘러도 막지 못하고 쩔쩔맸어요. 조선은 왕의 외척인 안동 김씨의 세상이 되었어요. 안동 김씨에게 빌붙은 탐관오리들은 백성들에게 세금을 쥐어짰고, 살기 어려워진 백성들은 곳곳에서 농민 항쟁을 일으켰답니다.

오려 붙이기

정순 왕후는 천주교를 이용해 정조 세력을 몰아냈어요. 고문을 당하고 있는 정약용을 오려 붙여요.

붙여요

★ **정약용** 모진 고문을 받고 유배되었어요. 유배지에서 《목민심서》 등 500여 권의 책을 쓰고 제자를 키웠어요.

24 외척에 흔들흔들 헌종
(생애 1827-1849/재위 1834-1849)

할머니와 어머니의 친척들에게 평생 흔들렸어요.

순조의 아들 효명 세자는 아들 환을 남기고 병에 걸려 세상을 떠났어요.
여덟 살이던 환은 순조가 죽은 뒤 24대 왕 헌종이 되었어요.
헌종이 어렸을 때는 할머니 순원 왕후가 수렴청정을 하여, 할머니의 외척인 안동 김씨가 권력을 잡았어요. 헌종이 컸을 때는 어머니 신정 왕후와 어머니의 외척인 풍양 조씨가 나라를 쥐고 흔들었지요. 헌종은 할머니와 어머니에게 권력을 빼앗긴 힘없는 왕이었어요.

 오려 붙이기

헌종 때 탐관오리들은 '삼정'이라는 세 가지 세금을 거두어 백성들을 괴롭혔어요. 삼정을 오려 붙여요.

붙여요 ★

❶ 전정

농사짓는 땅에 매기는 세금이에요.
탐관오리들은 농사를 짓지 않는
땅에도 세금을 매기거나,
세금을 과도하게 걷어
농민에게 부담을 주었어요.

안동 김씨와 풍양 조씨는 권력을 잡기 위해 서로 다퉜어요. 외척들에게 돈을 내고 벼슬을 산 고을 수령들은 그보다 더 많은 돈을 벌기 위해 백성들에게서 세금을 쥐어짰어요. 탐관오리들은 '삼정'이라 부르는 세 가지 세금을 멋대로 거두었어요. 조선은 점점 더 살기 어려운 나라가 되어 갔어요.

붙여요 ♥

❷ 군정
16~60세의 남자들이 군포(옷감)를 내면 국방의 의무를 지지 않아도 되었어요. 탐관오리들은 죽은 사람과 갓 태어난 아기에게도 군포를 거두려 해서 백성들이 힘들어 했어요.

붙여요 ◆

❸ 환정
곡식이 부족할 때 곡식을 빌려주고 이자를 받는 제도예요. 탐관오리들은 쌀에 껍질을 섞어서 주거나 절반만 빌려주고 나머지 반은 자신의 곳간에 넣었어요. 농민들은 탐관오리가 빼돌린 몫까지 갚아야 했어요.

25 농사짓다 왕이 된 어리벙벙 철종
(생애 1831-1863/재위 1849-1863)

삼정의 문란을 고치려고 노력했어요.

헌종이 아들을 낳지 못하고 죽자 헌종의 할머니 순원 왕후가 나섰어요.

"서두르시오. 우리 안동 김씨가 왕을 세워야 하오."

안동 김씨는 사도 세자의 둘째 아들의 증손자인 원범을 찾아냈어요.

원범은 몇 명 남지 않은 영조의 핏줄이었답니다. 하지만 원범의 할아버지가 역모 사건에 휘말려 강화도로 유배되었고, 웃어른들이 모두 죽은 이후 원범 혼자 농사를 지으며 살고 있었어요. 순원 왕후는 원범을 25대 왕 철종으로 세웠어요.

스티커
농사를 짓던 철종에게 왕의 옷과 모자를 스티커로 붙여요.

전하~ 전하~

철종

농부에서 왕이 된 철종은 모든 게 어리둥절했어요.

철종은 비록 학문을 익히지 못했지만, 백성들이 얼마나 어렵게 사는지 잘 알았어요.

철종은 잘못된 삼정을 고치려고 '삼정이정청'이라는 기관을 만들었어요.

그러나 안동 김씨의 방해로 개혁이 제대로 되지 않았어요.

살기 힘들어진 농민들은 곳곳에서 난을 일으켰어요.

오려 붙이기

탐관오리를 쫓는 농민들을 오려 붙여요.

26 개혁을 꿈꾼 대한 제국 고종
(생애 1852-1919/재위 1863-1907)

아버지인 흥선 대원군이 나라를 다스렸어요.

철종이 아들을 낳지 못하고 세상을 떠나자, 사도 세자의 후손 가운데 12세 소년 이명복이 26대 왕 고종이 되었어요. 왕이 될 순위가 낮았던 고종은 아버지 이하응의 노력으로 왕위에 오를 수 있게 되었어요.

주사위 게임

주사위 게임을 하여 고종이 왕이 되는 과정을 알아보아요.

게임 방법
1. 미션 플랩을 미리 오려 붙여요.
2. 말을 오리고 주사위를 준비해요.
3. 주사위를 던져 나온 숫자만큼 앞으로 나아가요.

출발!

1. 이하응은 일부러 잔칫집을 쫓아다니며 술에 취해 한심한 척을 했어요. 권력을 잡고 있던 안동 김씨는 똑똑한 왕실의 후손이 있으면 역모로 몰아 죽였거든요.

1칸 앞으로!

붙여요 ♥

2. 이하응은 몰래 자기편을 모았어요.

미션을 수행하면 주사위를 한 번 더 던질 수 있어요!

3. 철종이 병으로 시름시름 앓자, 이하응은 왕실의 가장 웃어른인 신정 왕후를 몰래 찾아갔어요. 자신의 둘째 아들인 명복을 다음 왕으로 삼자고 설득했지요.

이하응은 '왕의 아버지'로 흥선 대원군이 되었어요. 흥선 대원군은 어린 고종을 대신해 나랏일을 돌보았어요. 부패한 서원을 정리하고 다양한 인재를 쓰며 왕권을 강화시켜 나갔어요. 서양의 배가 드나들지 못하도록 쇄국 정책*을 하기도 했어요. 한편 경복궁을 다시 짓느라 백성들을 힘들게 하기도 했답니다.

* **쇄국 정책** 다른 나라와 물건을 사고파는 것을 금지한 정책이에요.

고종은 개항을 했어요.

청년이 된 고종은 흥선 대원군을 물러나게 하고 스스로 나라를 다스렸어요.
몇 년 뒤 일본 군함이 강화도 근처로 군함을 몰고 와 대포를 쏘았어요.
조선을 차지할 속셈으로 거짓을 꾸며 뻔뻔하게 조선을 위협했지요.
"조선이 먼저 우리 배에 대포를 쏘았소. 순순히 조약을 맺지 않으면
우리 군함은 가만히 있지 않겠소."
우왕좌왕하던 조선은 결국 강화도에서 일본에 조선의 항구를 연다는
강화도 조약을 맺었어요. 그 뒤로 조선은 미국, 영국, 독일, 러시아, 이탈리아,
프랑스 등과도 조약을 맺었어요.

오려 붙이기
일본 대표의 말을 오려 붙이고, 플랩을 열어 속마음도 살펴봐요.

★ 강화도 조약
★ 일본 대표
★ 조선 대표

청일 전쟁에서 승리한 일본은 조선을 삼키려는 욕심을 노골적으로 드러냈어요.
왕비인 명성 황후가 일본을 막으려 러시아를 가까이 하자, 일본은 을미사변을 일으켰어요.
"명성 황후는 조선을 차지하는 데 방해가 돼. 자객을 보내 없애라!"
명성 황후가 목숨을 잃은 뒤 고종은 일본을 피해 러시아 공사관에 몸을 숨겼어요.

조선은 대한 제국이 되었어요.

'일본에게 우리나라를 빼앗길 수 없어. 우리가 독립국이라는 걸 보여 주자.'
러시아 공사관에서 궁궐로 돌아온 고종은 나라 이름을 대한 제국으로 고치고
황제의 자리에 올랐어요. 고종은 러시아의 도움을 받아 나라를 조금씩 발전시켜 나갔어요.
그러자 일본은 러일 전쟁을 벌였어요. 전쟁에서 승리하자 우리에게 대한 제국의
외교권을 넘기라고 협박했지요.
"외교권은 다른 나라와 관계를 맺을 수 있는 권리요. 이 권리를 빼앗기면 진정한
독립국이라 할 수 없소."
고종이 끝까지 거절했으나 몇몇 대신들은 이미 일본의 말을 따르는 친일파가 되어 있었어요.
일본은 다섯 명의 친일파 대신과 불법으로 을사늑약을 맺어 대한 제국의 외교권을
일본에 넘기도록 했어요.

★ 을사오적 을사늑약을 맺은 다섯 대신을 을사오적이라고 해요. 나라의 외교권을 팔아넘긴 다섯 명의 도적이라는 뜻이에요.

스티커
고종이 새로 정한 우리나라의 이름을 스티커로 붙여요.

고종은 네덜란드 헤이그에서 열리는 만국 평화 회의에 특사를 보내 일본의 잘못을 알리려 했으나 뜻을 이루지 못했어요. 그 후 고종은 일본의 협박을 받아 황태자*에게 나라를 물려주고 물러나야 했어요.

* **황태자** 황제의 자리를 이어받을 황제의 아들을 말해요.

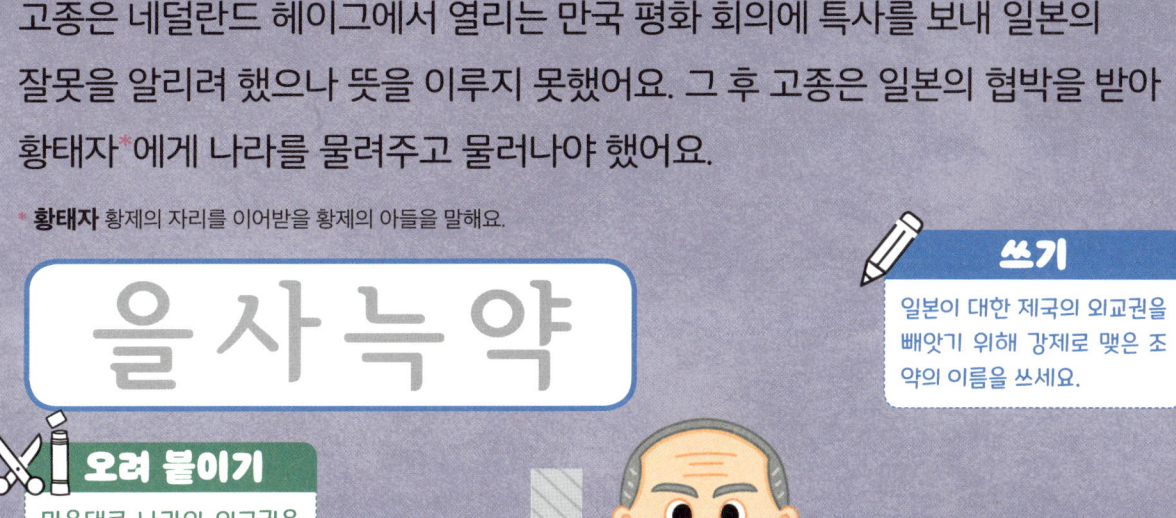

쓰기
일본이 대한 제국의 외교권을 빼앗기 위해 강제로 맺은 조약의 이름을 쓰세요.

오려 붙이기
마음대로 나라의 외교권을 팔아넘긴 친일파 신하들을 오려 붙여요.

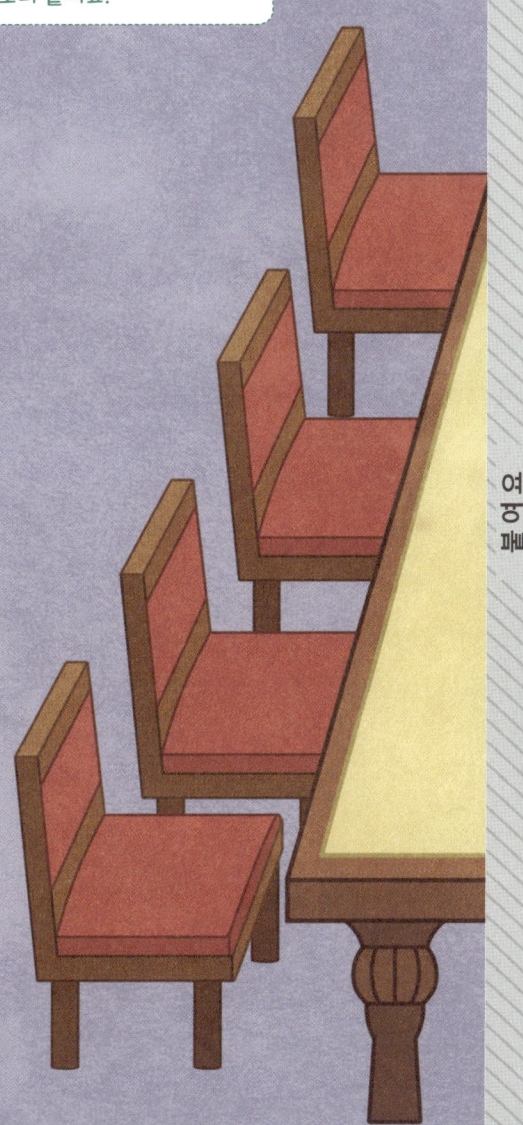

★ 고종은 을사늑약에 찬성하지 않아 도장을 찍지도 않았어요. 강제로 맺은 을사늑약은 사실 아무 효력이 없는 조약이에요.

27 마지막 황제, 허수아비 순종
(생애 1874-1926/재위 1907-1910)

조선의 마지막 왕이에요.

고종의 아들 순종은 대한 제국의 2대 황제이자 조선 왕조 500년의 마지막 왕이에요.
순종의 주변에는 친일파가 득실거렸어요. 일본은 친일파 대신들을 이용해 대한 제국의
권리를 하나하나 빼앗았어요. 힘을 빼앗겨 허수아비가 된 순종은 할 수 있는 일이 없었어요.
1910년, 일본은 한일 병합 조약을 맺으라며 순종을 협박했어요.
그건 대한 제국의 통치권을 일본에게 넘기라는 이야기였어요.
"나는 죽어도 여기에 서명할 수 없소."
순종이 끝까지 거부하자 일본은 친일파 대신들과 짜고 순종의 가짜 서명을 넣어
조약을 맺었어요. 이렇게 일제 강점기가 시작되었어요.

쓰기
친일파 대신과 일본이 맺은 조약에 어떤 내용이 있을지 상상해서 써 보아요.

[순종]

★ 친일파 대신 이완용과 일본 대표 데라우치가 대한 제국의 통치권을
일본에 넘긴다는 내용의 '한일 병합 조약'을 맺었어요.

★ **조선 총독부** 일본이 우리나라를 지배하기 위해 만들었던 기관이에요. 막강한 권한을 가지고 있었어요.

오려 붙이기
우리 민족은 나라를 되찾기 위해 노력했어요. 독립 운동을 하는 모습을 오려 붙여요.

★ 일제 강점기는 1910년부터 1945년까지 이어졌어요. 일본은 긴 시간 동안 우리 민족을 탄압했지요.

붙여요

순종은 창덕궁에 갇혀 지내다 눈을 감았어요. 조선 왕조의 시대는 끝났지만, 우리 땅에 사는 우리 민족의 역사는 끝나지 않았어요. 사람들은 끊임없이 독립 운동을 했고, 마침내 1945년 8월 15일에 대한 독립을 이루었답니다.

조선 왕 계보

- 1대 태조 (1392-1398)
  - 2대 정종 (1398-1400)
  - 3대 태종 (1400-1418)
    - 4대 세종 (1418-1450)
      - 5대 문종 (1450-1452)
        - 6대 단종 (1452-1455)
      - 7대 세조 (1455-1468)
        - 8대 예종 (1468-1469)
        - 9대 성종 (1469-1494)
          - 10대 연산군 (1494-1506)
          - 11대 중종 (1506-1544)
            - 12대 인종 (1544-1545)
            - 13대 명종 (1545-1567)
              - 14대 선조 (1567-1608)
                - 15대 광해군 (1608-1623)
                - 16대 인조 (1623-1649)
                  - 17대 효종 (1649-1659)
                    - 18대 현종 (1659-1674)
                      - 19대 숙종 (1674-1720)
                        - 20대 경종 (1720-1724)
                        - 21대 영조 (1724-1776)
                          - 22대 정조 (1776-1800)
                            - 23대 순조 (1800-1834)
                              - 24대 헌종 (1834-1849)
                          - 25대 철종 (1849-1863)
                          - 26대 고종 (1863-1907)
                            - 27대 순종 (1907-1910)

*괄호 속 연도는 재위 기간이에요.

역대 왕들을 다시 한번 정리해 보아요~!

조선 왕 퀴즈

① **고기를 너무나 사랑한 왕은 누구일까요?**
세종은 고기를 무척 사랑해 고기가 없다면 밥을 먹지 않겠다고 할 정도였어요.

② **처음으로 신하들에게 쫓겨난 왕은 누구일까요?**
연산군은 나랏일은 뒷전인 데다 무척 포악했어요. 신하들에 의해 왕의 자리에서 쫓겨났지요.

③ **궁궐에서 격구를 즐긴 왕은 누구일까요?**
정종는 고려 시대에 아버지 태조를 따라 전쟁터를 누빈 장수였어요. 격구는 장수들이 좋아하는 놀이였는데, 정종 또한 격구를 사랑했어요.

④ **가장 늙어서 왕이 된 사람은 누구일까요?**
조선을 세운 태조 이성계는 57세로 왕위에 올랐어요.

⑤ **가장 어려서 왕이 된 사람은 누구일까요?**
헌종은 8세에 왕이 되었어요.

⑥ **궁궐을 전국 기생들로 채운 왕은 누구일까요?**
연산군은 전국의 기생들을 모아 잔치를 벌이고 놀았어요.

⑦ **조선 최고 미녀와 결혼한 왕은 누구일까요?**
숙종의 후궁 장희빈은 조선왕조실록에 '아름답다'고 쓰인 유일한 여자예요.

⑧ **딱 한 사람하고만 결혼한 왕은 누구일까요?**
세조는 총명한 왕비를 사랑해 후궁도 두지 않았어요.

⑨ **가장 오랫동안 나라를 다스린 왕은 누구일까요?**
영조는 52년이나 나라를 다스렸어요.

⑩ **농사를 짓다 왕이 된 사람은 누구일까요?**
철종은 강화도에서 농사를 짓고 살다 왕이 되었어요.

# 정답과 출처

정답

- **18쪽** '2번 이방과'에 동그라미 쳐요.
- **48쪽** '어머니 때문에 내가 원하는 대로 나라를 다스릴 수 없구나.' 등 명종의 생각을 자유롭게 써 보아요.
- **60쪽** '조선을 힘들게 한 청나라 너무 미워.' 등 봉림 대군의 생각을 자유롭게 써 보아요.
- **62쪽** 미로 게임의 승자는 '서인'이에요. 서인 신하에 승리 스티커를 붙여요.
- **63쪽** 퀴즈 게임의 승자는 '남인'이에요. 남인 신하에 승리 스티커를 붙여요.
- **67쪽** 상평통보
- **74쪽** 규장각
- **90쪽** '대한 제국의 통치권을 일본에 넘겨준다.' 등 본문에서 찾아 써 보아요.

출처

11쪽
경복궁 ⓒ셔터스톡 (Jason Noh) / 창덕궁 ⓒ셔터스톡 (sae jun oh) / 창경궁 ⓒ셔터스톡 (Richie Chan) / 덕수궁 ⓒ셔터스톡 (CJ Nattanai) / 경희궁 ⓒ서울관광재단

76쪽
김홍도 <씨름> ⓒ한국데이터베이스산업진흥원 / 정선 <인왕제색도> ⓒ국립중앙박물관

경희궁, 인왕제색도 저작물은 공공누리 제1유형으로 개방한 것을 이용하였으며,
서울관광재단과 국립중앙박물관에서 무료로 다운받으실 수 있습니다.

작가 소개

글을 쓴 오주영 작가는요.

대학에서 문예 창작을 공부했고, 『이상한 열쇠고리』로 제13회 창비 좋은 어린이책 원고 공모 저학년 부문 대상을 받으며 작품 활동을 시작했습니다. 『한입 꿀떡 요술떡』, 『거인이 제일 좋아하는 맛』, 『수학왕 바코』, 『제비꽃 마을의 사계절』, 『다람지 무이의 봄』, 『우주 토끼의 뱅뱅 도는 지구 여행』, 『빨간 여우의 북극 바캉스』, 『한국을 빛낸 100명의 위인들』 등을 썼습니다.

그림을 그린 최은지 작가는요.

밝고 귀여운 그림을 그립니다. 귀여운 그림에 재미있는 상상을 더하면 여러 이야기들을 볼 수 있어요. 현재 어린이 동화, 학습지, 교과서 등 다양한 분야에서 활동하고 있습니다. 그동안 그린 이야기로는 동영상 동화 『심술쟁이를 혼내주세요』, 『동물아빠를 구합니다』, 『알쏭달쏭 맛이 궁금해!』, 『따르릉 내가 더 빨라』 등이 있습니다.

blog.naver.com/bananac
instagram.com/popping_ej

조선의 왕

지은이	오주영
그린이	최은지
펴낸이	정규도
펴낸곳	㈜다락원
초판 1쇄 발행	2023년 10월 30일
초판 2쇄 발행	2026년 01월 12일
편집장	최운선
편집	서정은, 임유리
디자인	moon-c design

다락원 경기도 파주시 문발로 211
내용문의 (02) 736-2031 내선 273
구입문의 (02) 736-2031 내선 250~252
Fax (02) 732-2037

출판등록 1977년 9월 16일 제406-2008-000007호

Copyright ⓒ 2023, 오주영

저자 및 출판사의 허락 없이 이 책의 일부 또는 전부를 무단 복제·전재·발췌할 수 없습니다.
구입 후 철회는 회사 내규에 부합하는 경우에 가능하므로 구입문의처에 문의하시기 바랍니다.
분실·파손 등에 따른 소비자 피해에 대해서는 공정거래위원회에서 고시한 소비자 분쟁 해결
기준에 따라 보상 가능합니다. 잘못된 책은 바꿔 드립니다.

ISBN 978-89-277-4793-2 (73910)

http://www.darakwon.co.kr
다락원 홈페이지를 통해 인터넷 주문을 하시면 자세한 정보와 함께 다양한 혜택을 받으실 수 있습니다.

오려 붙이기

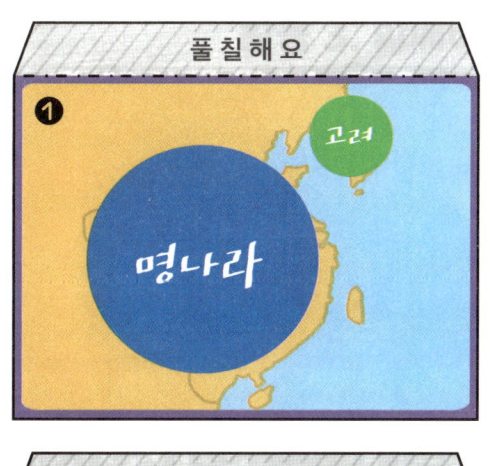

17쪽 태조

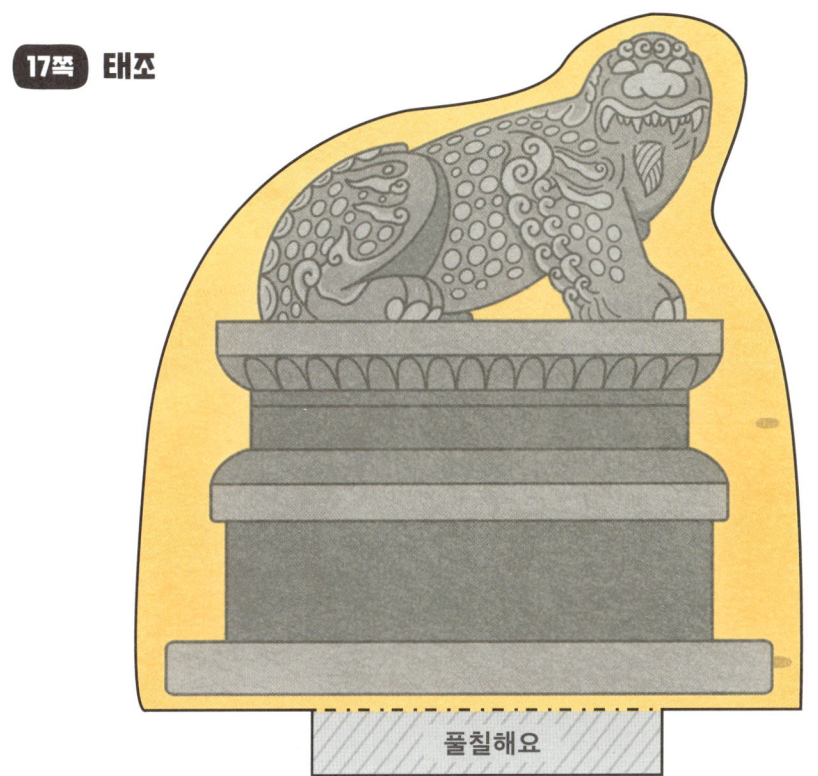

풀칠해요

32쪽 세조

풀칠해요♥

19쪽 정중

풀칠해요

32쪽 세조

풀칠해요★

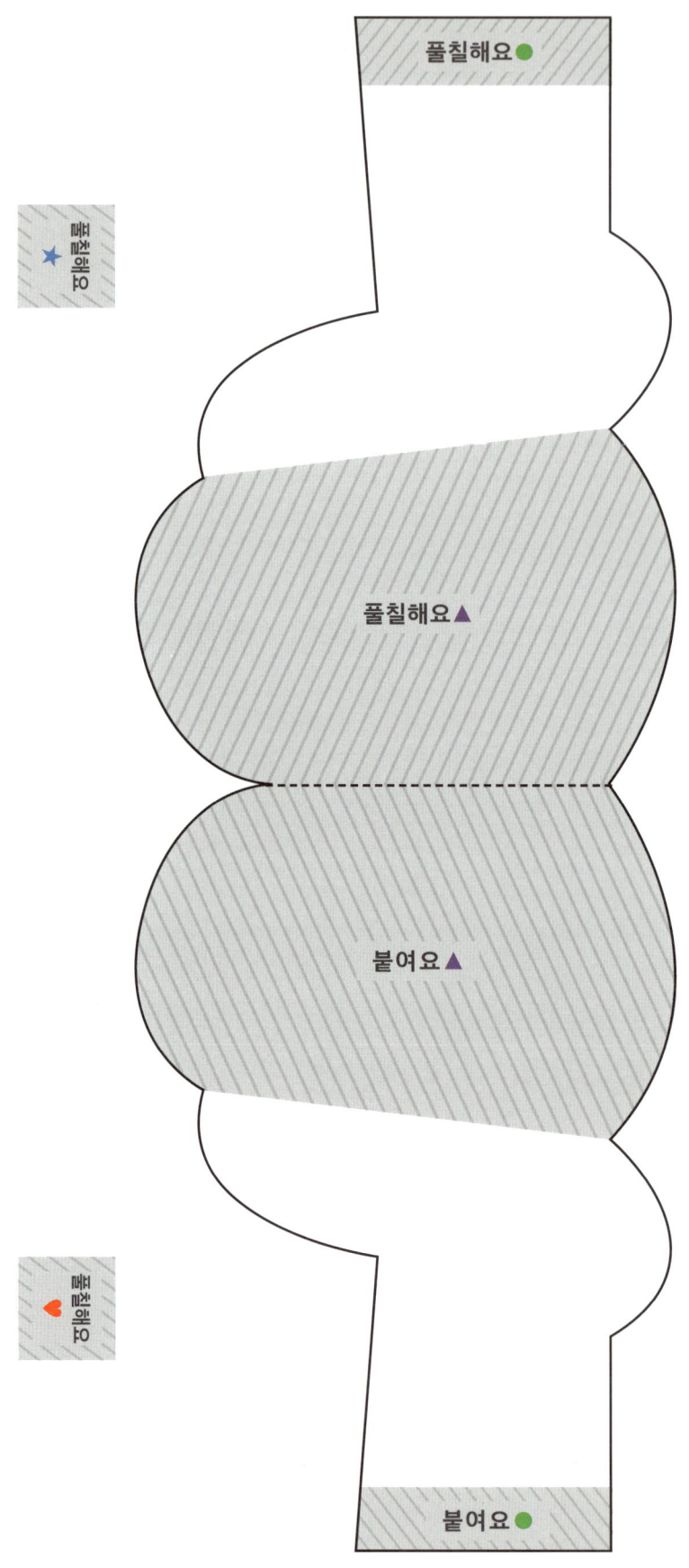

27쪽 세종

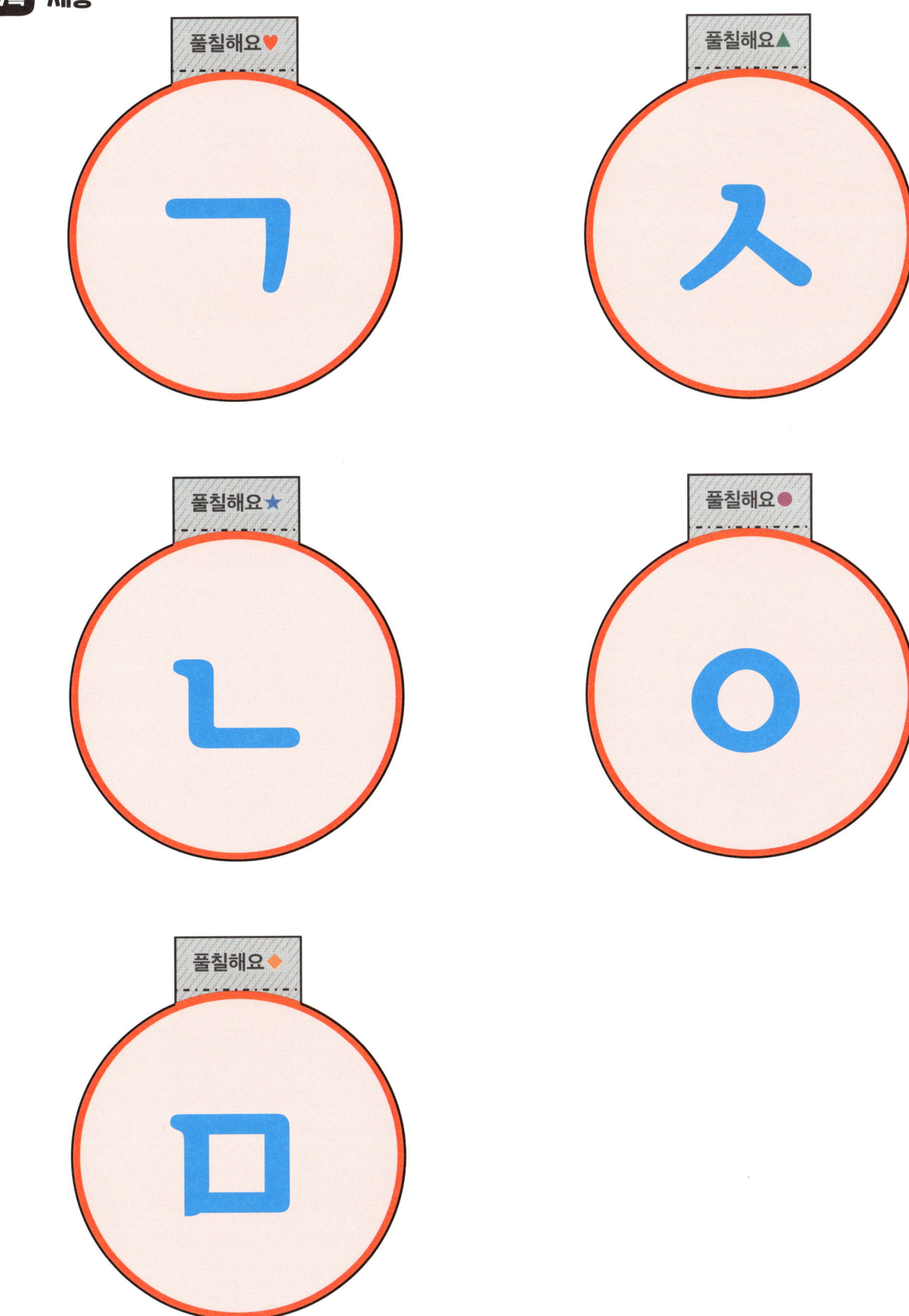

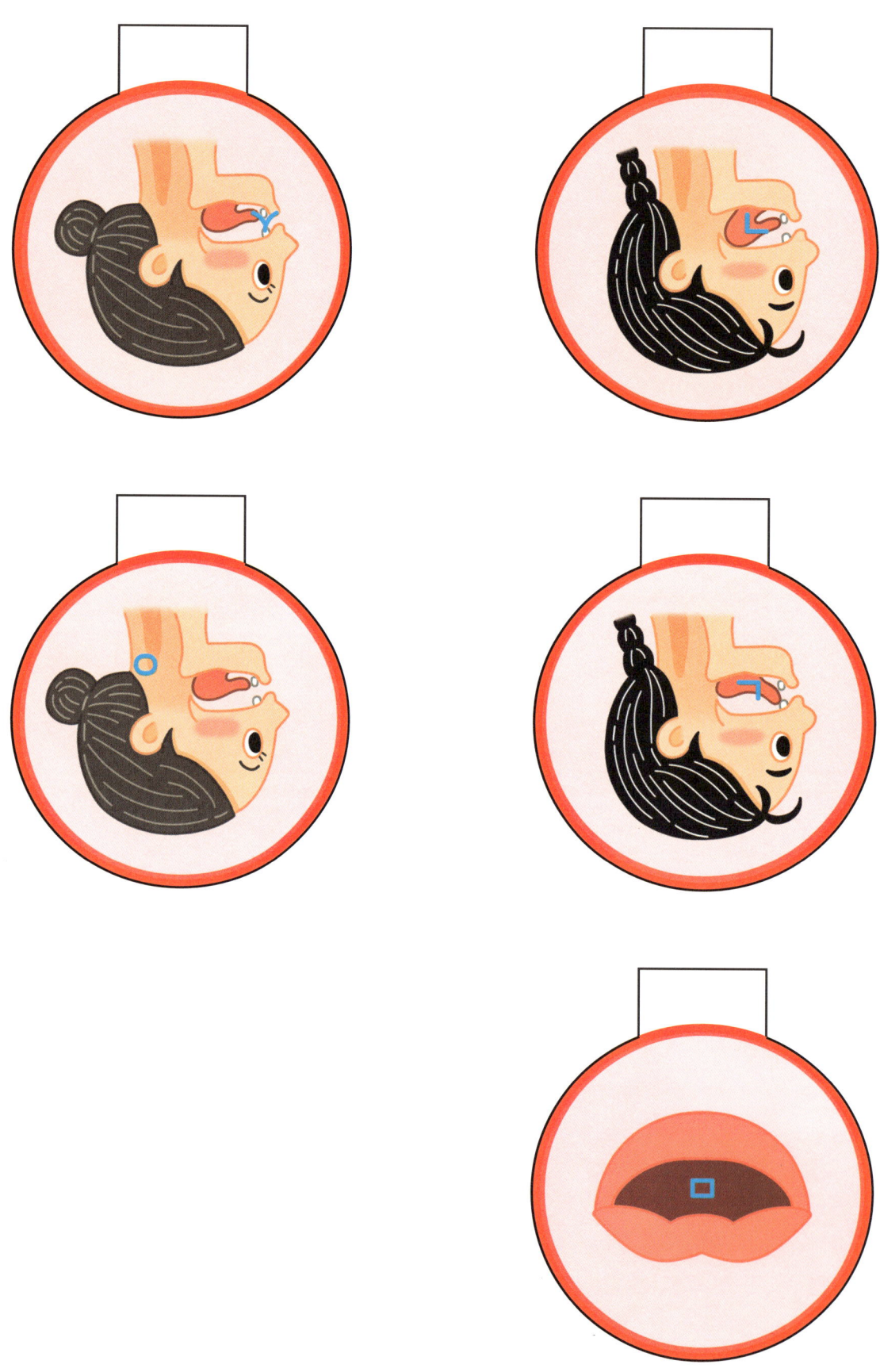

29쪽 문종

풀칠해요

30쪽 단종

34쪽 세조

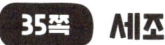

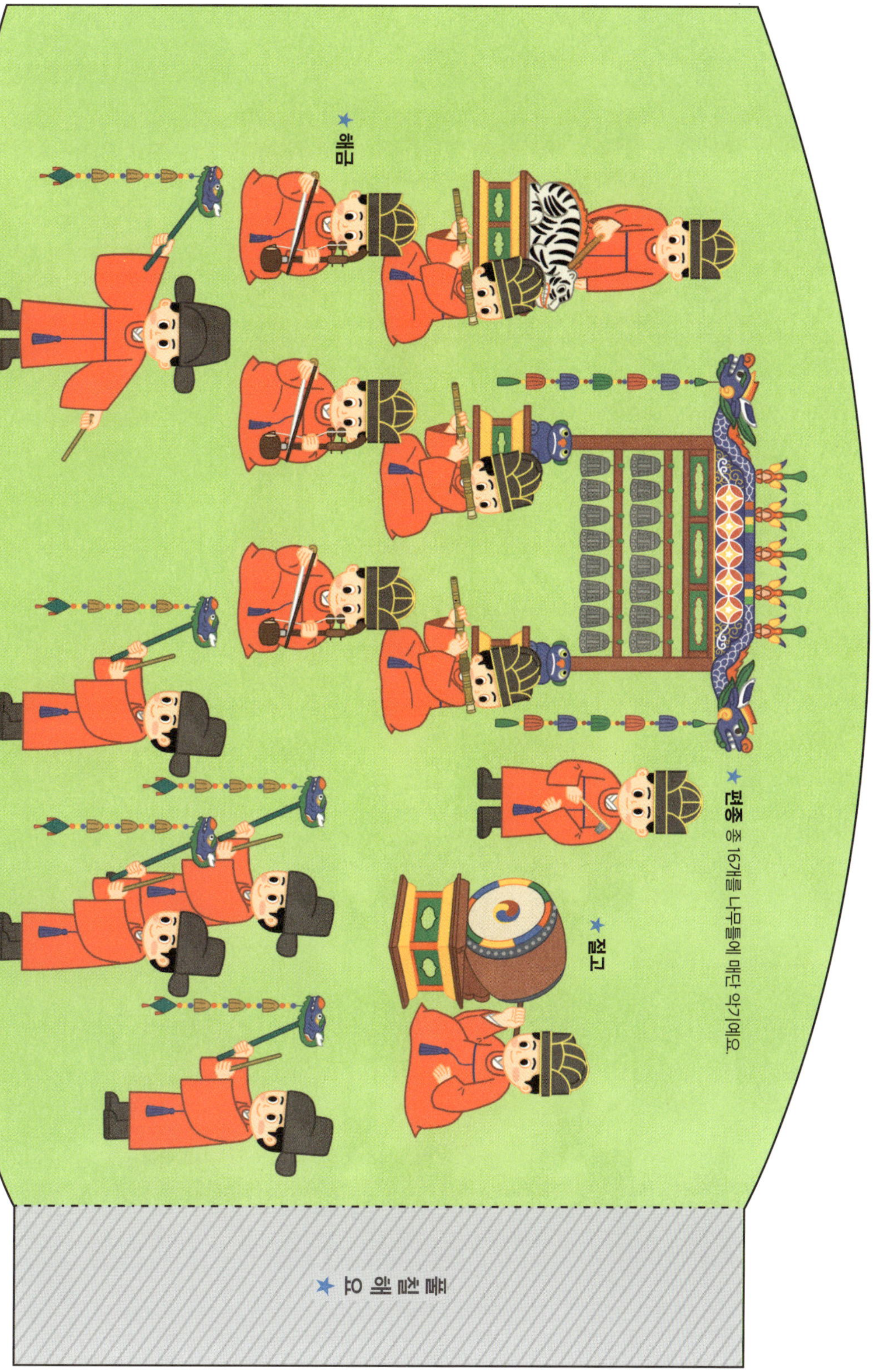
해금
편종 종 16개를 나무틀에 매단 악기예요.
절고
풀칠해요

붙여요 ▲

36쪽 예종 **37쪽** 예종

39쪽 성종

1. 관리들은 묘시 출근하고 유시 퇴근한다.
   * 묘시: 오전 5-7시 / 유시: 오후 5-7시
2. 남자는 15세, 여자는 14세부터 결혼할 수 있다.
3. 부모가 많이 아프거나 70세 이상이면 아들 중 한 사람만 군대에 간다.
4. 나룻배는 5년이 되면 수리하고 10년이 되면 다시 만든다.

44쪽 중종 **45쪽** 중종

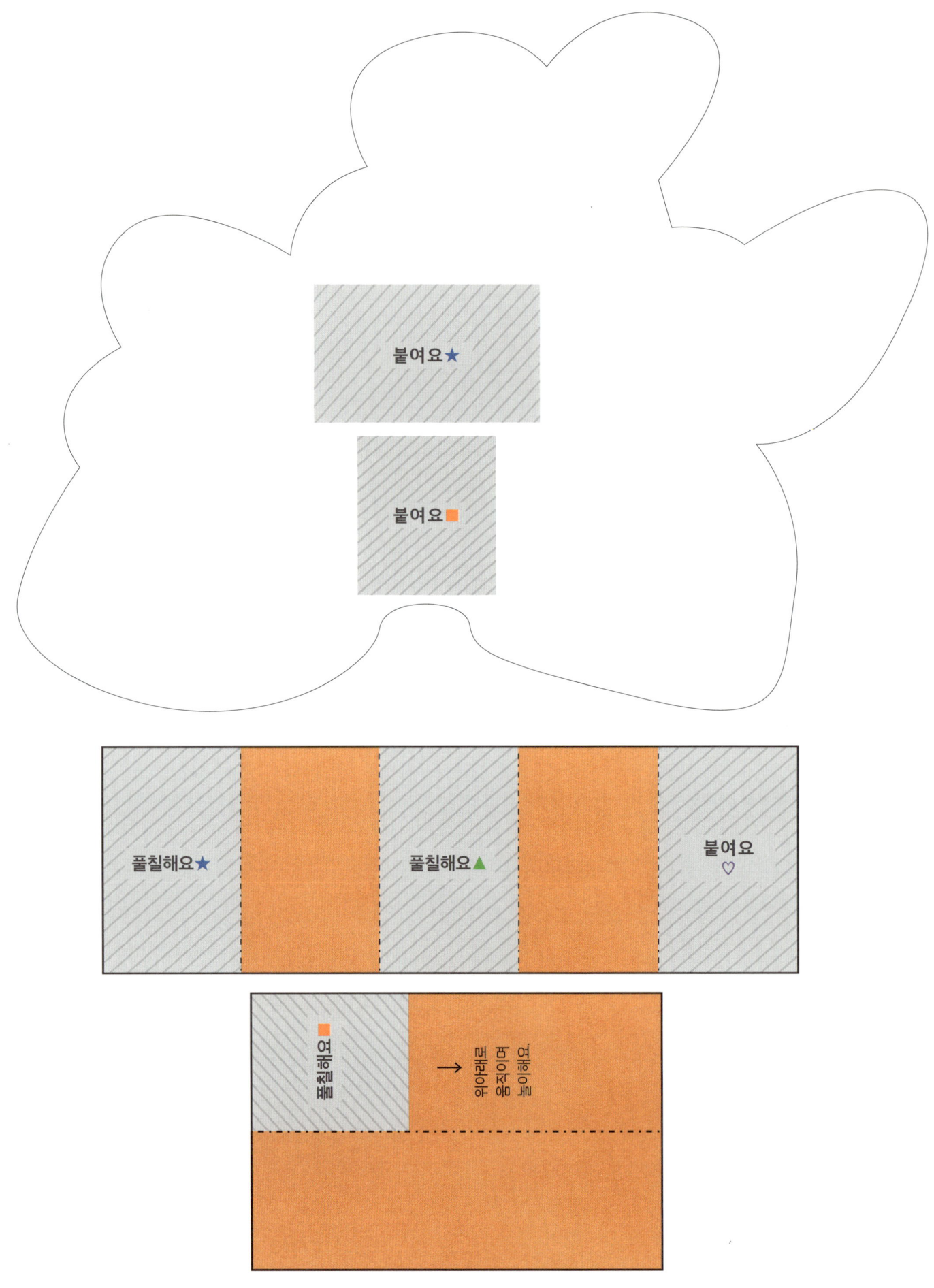

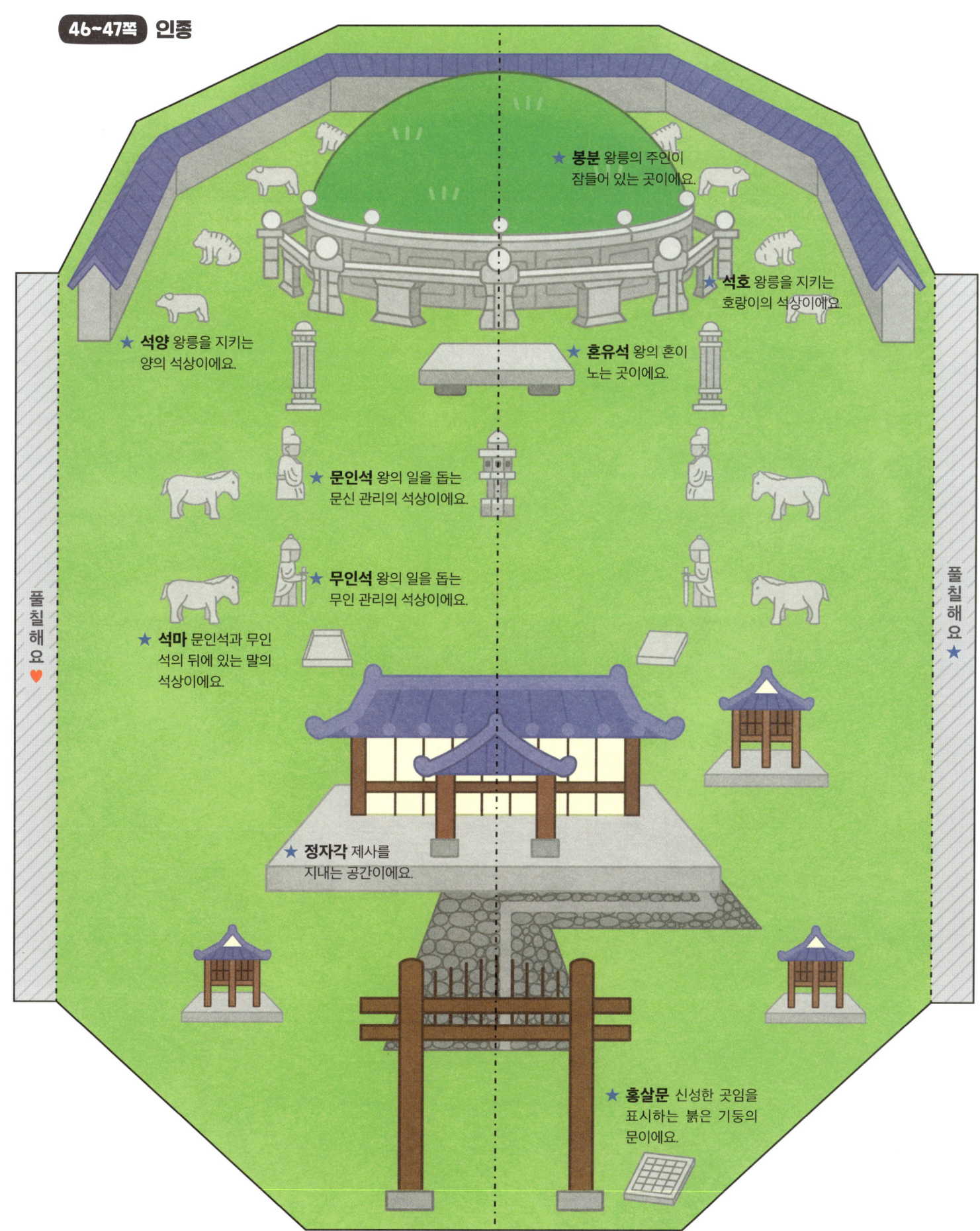

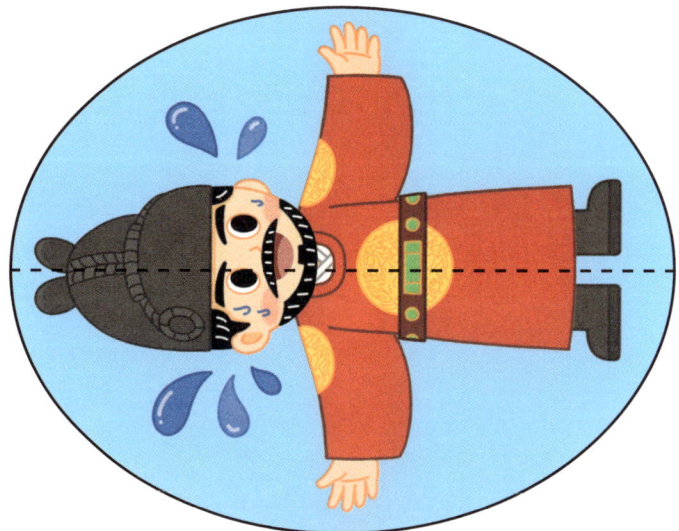
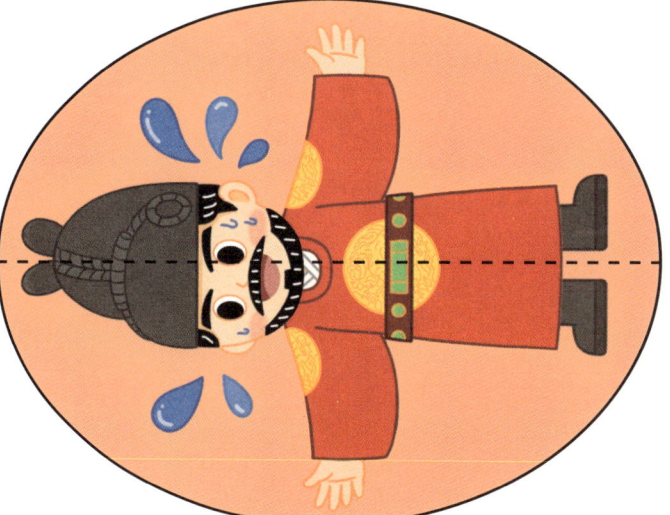

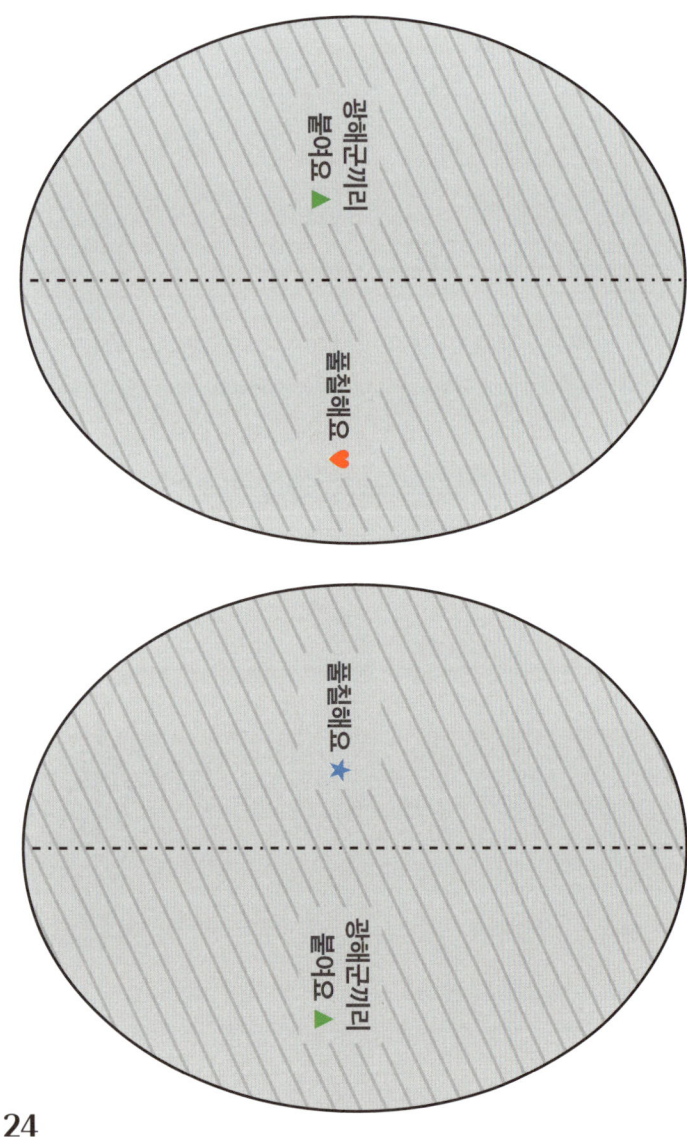

24

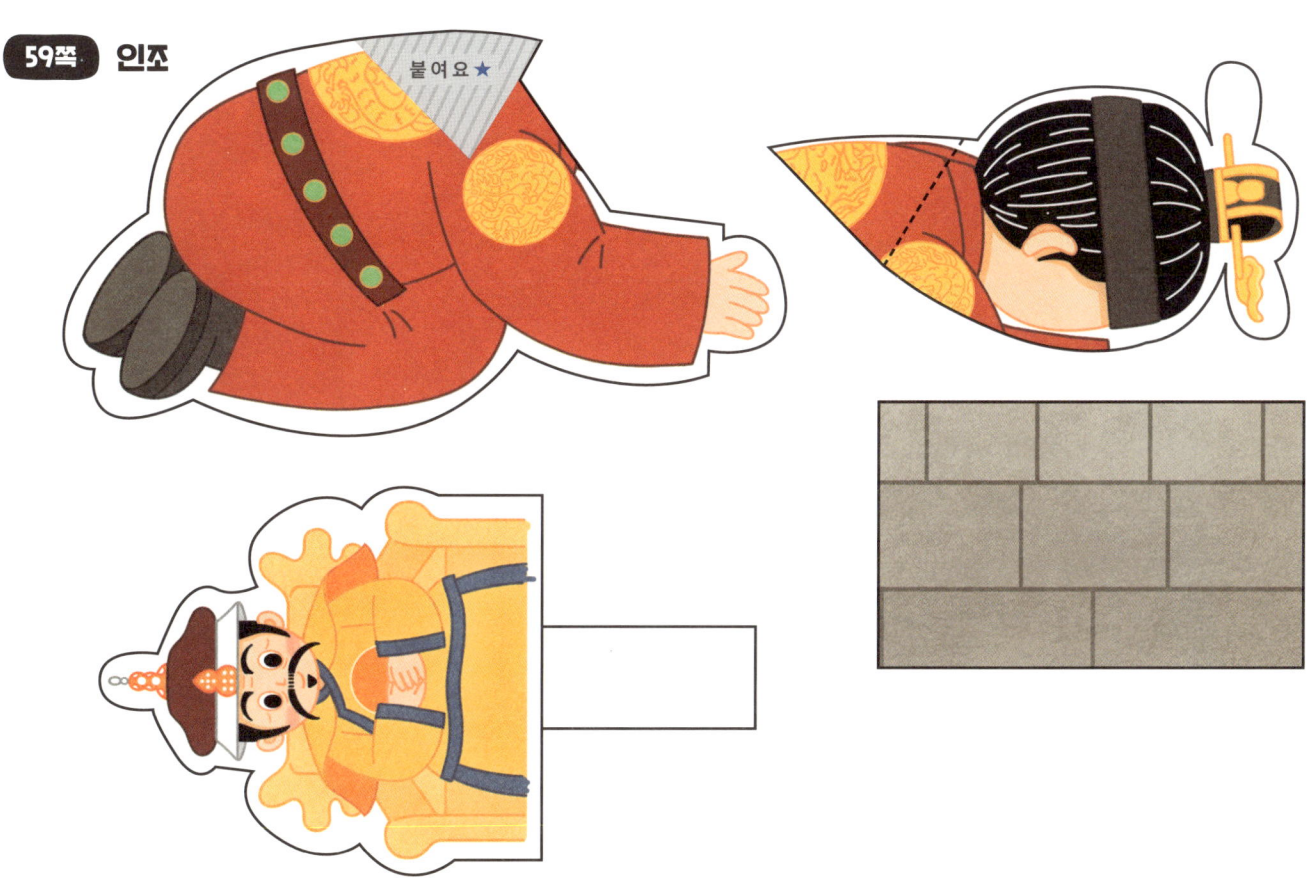

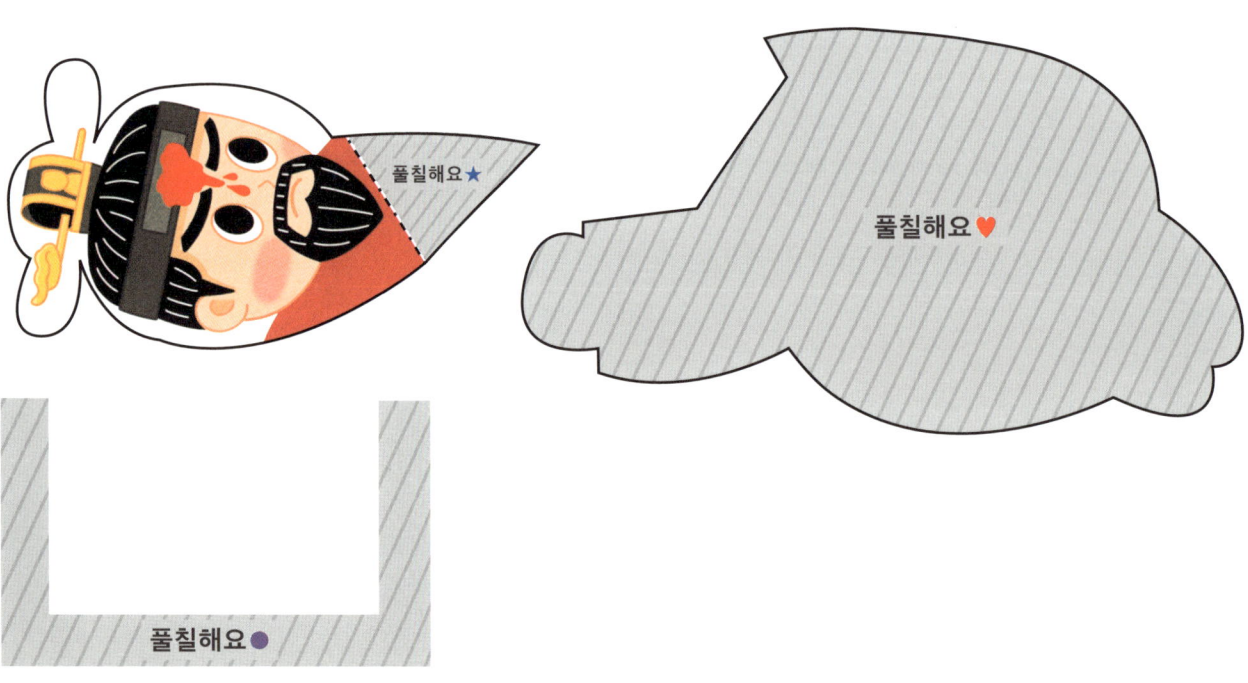

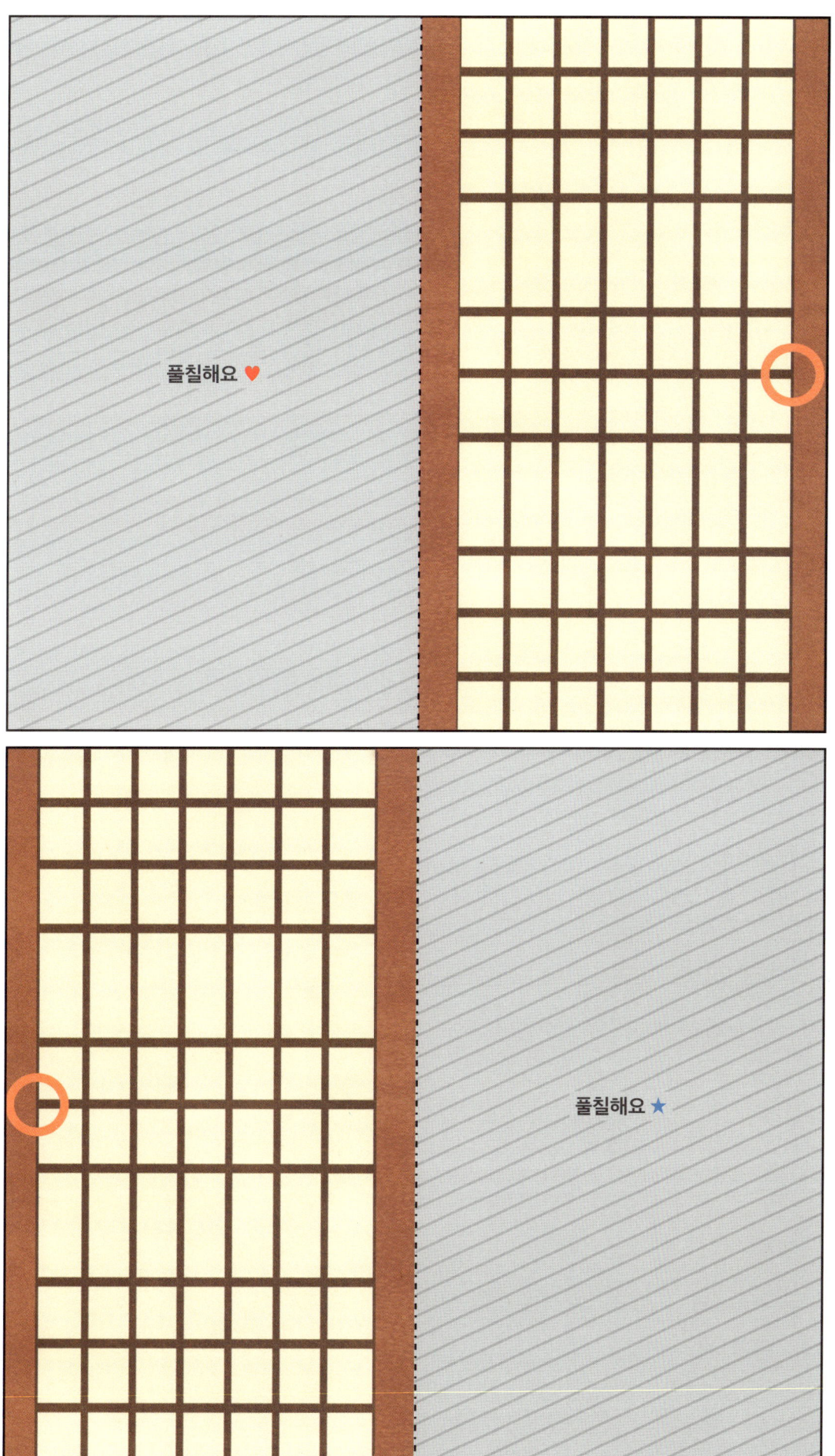

66쪽 숙종

풀칠해요 ♥   풀칠해요 ★

72쪽 영조

71쪽 영조

29

풀칠해요

77쪽 정조

★ **거중기** 작은 힘으로 무거운 돌을 들 수 있는 기계예요. 정약용이 발명했어요.

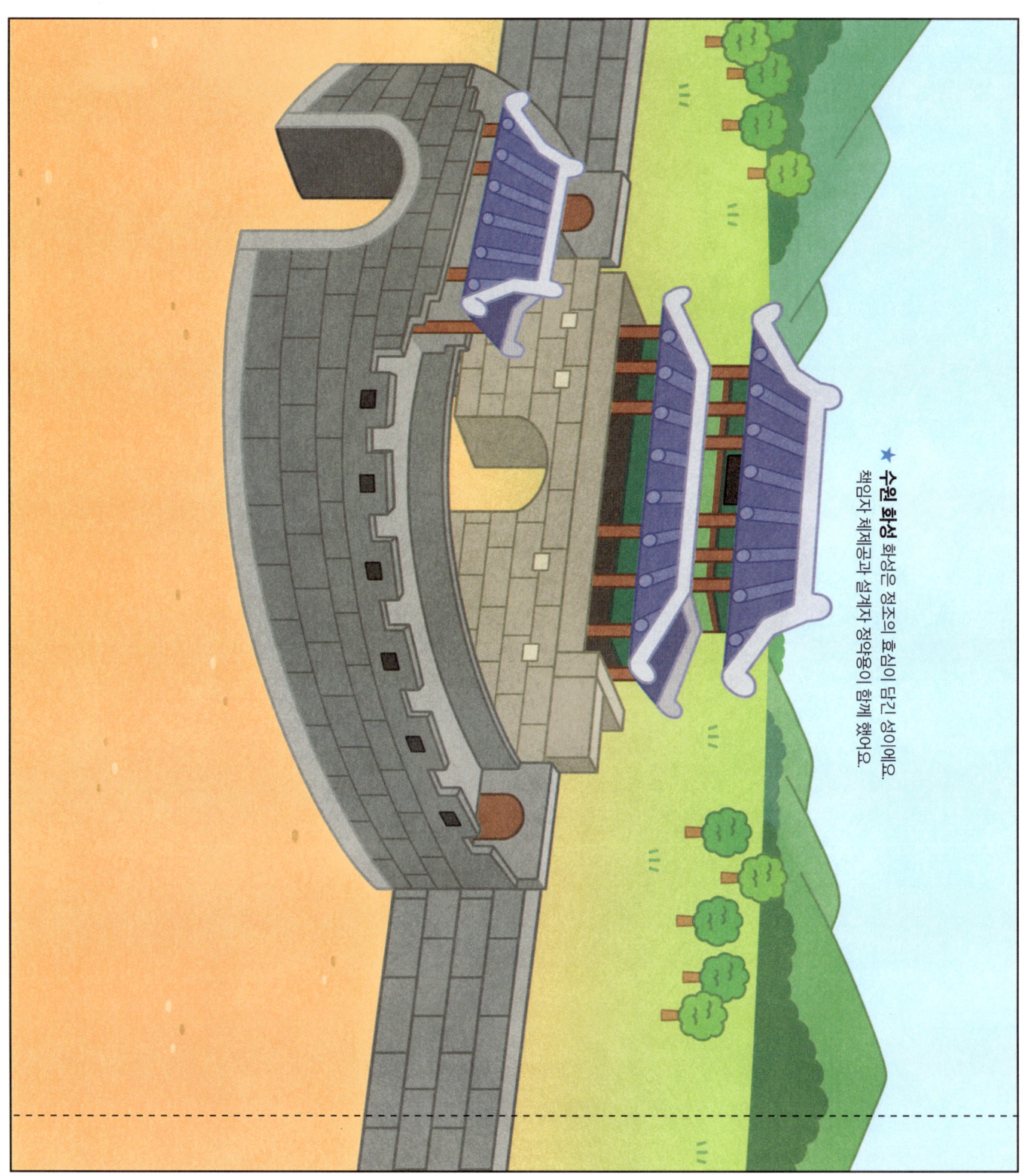

★ **수원 화성** 화성은 정조의 흔심이 담긴 성이에요.
책임자 채제공과 설계자 정약용이 함께 했어요.

80~81쪽 헌종

86쪽 고종

> 풀칠해요
>
> 일본 상인들이 범죄를 저지르면 우리가 직접 처벌하겠소. 조선의 법을 잘 모르니까 말이오!

후후. 율동에 맞춰 흥 룩거위지는
가엾은 자매양에게~!

83쪽 **철종**

84~85쪽 **고종**

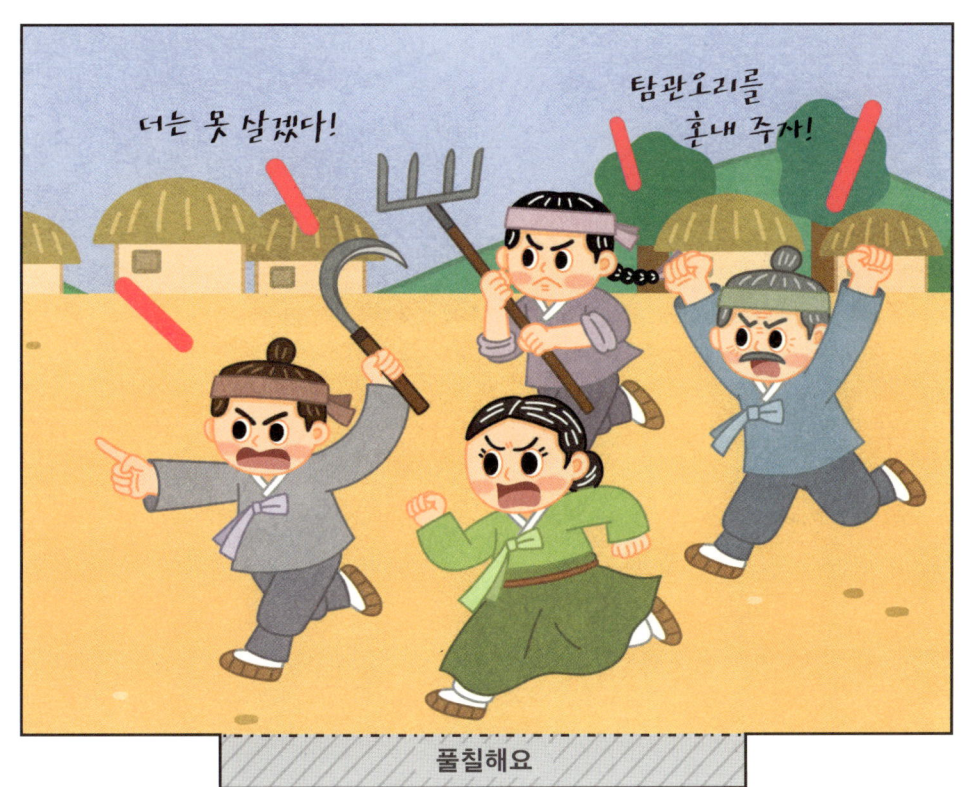

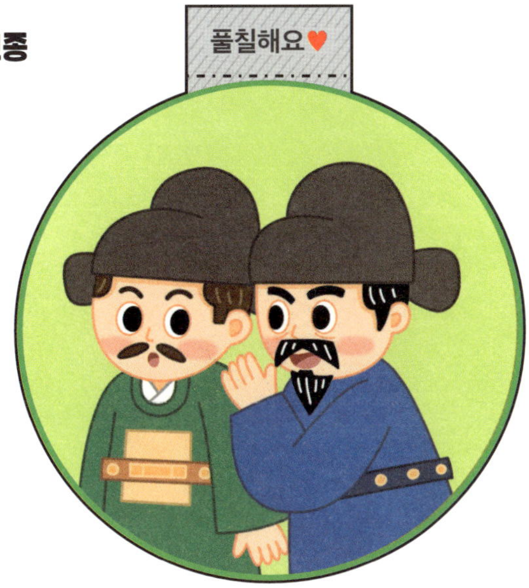

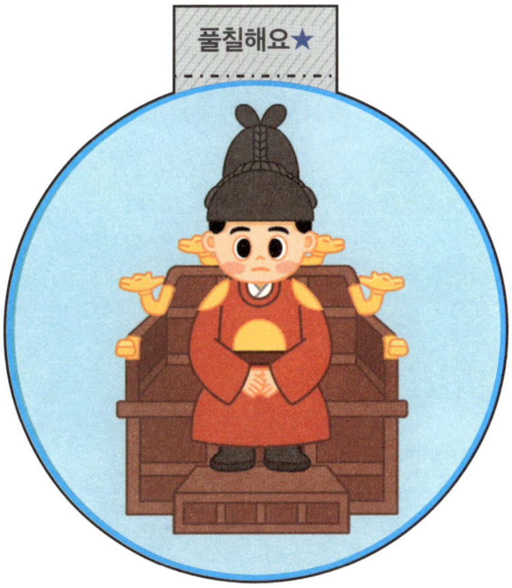

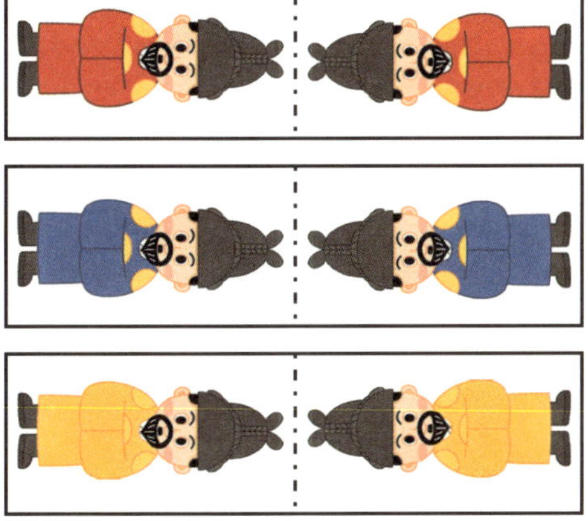

← 고종을 오려서 접으면 게임 말이 돼요.

87쪽 고종

89쪽 고종

91쪽 순종